EL ENEAGRAMA

LA GUÍA MODERNA DE LOS 27 TIPOS DE
PERSONALIDAD SAGRADA: PARA RELACIONES
SALUDABLES EN PAREJA Y PARA ENCONTRAR EL
CAMINO DE REGRESO A LA ESPIRITUALIDAD
DENTRO DE TI

SCARLETT MULLINS

IVES FABRE

información contenida en este documento, incluidos, entre otros, - errores, omisiones o inexactitudes.

ORÍGENES

El término Eneagrama es de origen griego. *Ennea* es el número nueve en griego, y *gramo* significa un dibujo. Traducido al inglés ordinario, lo interpretaríamos como un dibujo con nueve puntos.

En la sección uno de este libro, exploraremos con gran detalle cómo se ve y significa este dibujo. Por ahora, lo más importante a tener en cuenta es que no solo estamos hablando de una metodología de la nueva era preparada para ayudarte a lidiar con las crecientes tensiones de la vida. Hay más de lo que parece.

Al principio, puede parecer otra de esas entretenidas, pero juveniles pruebas de personalidad que no poseen ninguna base concreta para asegurar la transformación personal, pero si lees el contexto de este material y le aplicas la comprensión correcta, ' cosecharás los beneficios del poder contenido.

Se dice que la versión más temprana de este concepto fue desarrollada alrededor del siglo IV por un cristiano místico, Evagrius Ponticus, quien identificó ocho pensamientos mortales más un pensamiento general que le denominó "amor propio". Además de identificar ocho pensamientos mortales, Evagrius también identificó "remedios" a estos pensamientos. (Eneagrama de la personalidad de Wikipedia, la enciclopedia libre)

Algunos maestros actuales de este material creen que las variaciones del símbolo del Eneagrama se puede remontar a la geometría sagrada de los matemáticos Pitagóricos y de los matemáticos místicos. Aunque hay mucha disputa sobre esta teoría y quién la originó, el hecho es que funciona y se está utilizando ampliamente tanto en el mundo de los negocios como para el crecimiento espiritual. Si bien el símbolo del Eneagrama en sí tiene sus raíces en la antigüedad, muchas personas desarrollaron el sistema actual que utilizamos hoy desde no hace mucho tiempo.

George Gurdijieff, un místico ruso, y maestro es uno de esos individuos a quien se le atribuye la reintroducción moderna del símbolo del Eneagrama. Fue fundador de una escuela altamente influyente especializada en 'trabajo interno' y su principal forma de enseñar y usar el símbolo fue a través de una serie de danzas sagradas, o lo que él llamaba 'movimientos'. Él creía en dar a sus alumnos un sentido directo del significado del símbolo y el proceso que representa, pero lo que no hizo fue incluir el sistema de tipos enea, tal como lo conocemos hoy. Para que comprendamos quién estaba detrás de este sistema, tal como lo conocemos hoy, tendremos que introducir a Oscar Ichazo en la historia.

Oscar Ichazo es acreditado como el individuo principal detrás del sistema contemporáneo del Eneagrama. Era un hombre boliviano que se mudó a Perú y luego a Buenos Aries en Argentina para estudiar el 'trabajo interno'. Esto le condujo a más viajes y búsqueda de sabiduría en Asia, donde adquirió más conocimiento a través de varias tradiciones de sabiduría que lo ayudaron a crear una forma sistemática de comprender y aplicar todo lo que había aprendido en sus viajes. Ichazo combinó las enseñanzas del taoísmo, el budismo, la filosofía griega antigua, el islam, el cristianismo y el judaísmo místico para formar su propia escuela de pensamiento que utilizaba el antiguo símbolo del Eneagrama. Así, desde la década de 1960, cuando comenzó sus enseñanzas en Chile, el Eneagrama basado en la personalidad se ofreció como un sistema para ayudar con la autorrealización y la transformación.

La escuela de Arica en Chile, donde enseñó en la década de 1960 y a principios de los setenta, es donde introdujo por primera vez su sistema de los 108 Eneagramas (o Ennneagons, según su terminología), pero el movimiento Eneagrama en Estados Unidos se ha basado en los primeros, principalmente en cuatro de ellos. Estos se llaman Eneagrama de las Pasiones, Eneagrama de las Virtudes, Eneagrama de las Fijaciones y el Eneagrama de las Ideas Santas. (El Eneagrama Tradicional, enneagraminstitute.com)

Fue durante este tiempo en Chile que un grupo estadounidense interesado en su trabajo fue a Sudamérica para estudiar y experimentar a primera mano sus métodos. Uno de los participantes del grupo fue el notable psicólogo estadounidense Claudio Naranjo, quien recreó su versión actualizada del sistema de personalidad Eneagrama. Aunque Ichazo y Naranjo comenzaron como maestro y discípulo, cada uno de ellos se fue por separado enseñando diferentes teorías de este sistema del Eneagrama y vieron que continuaban surgiendo diferentes escuelas de pensamiento sobre el tema, no te sorprendas al descubrir que algunas ideas no siempre se alinean. Sin embargo, el objetivo fundamental no es entrar en un debate sobre quién tiene razón o no. Estamos aquí para desarrollar una forma saludable de entender y de relacionarnos con nuestra psique humana. Esta herramienta ha demostrado ser muy útil para quienes practican con diligencia, y te ayudará a comprender mejor a las personas que te rodean y a ti mismo.

¿Por qué esto es importante para ti?

Comprender por qué te comportas como lo haces y encontrar una forma saludable de sacar a la luz los poderes, talentos y aspectos ocultos de ti que de otro modo permanecerían inactivos puede aumentar tu felicidad personal y la de tus seres queridos.

También es un fortalecedor hacia la empatía. Cuanto más comprendas por qué las personas se comportan como lo hacen, menos probabilidades hay de que tomes las cosas personalmente, te salgas de tu propia alineación o incluso las malinterpretes. Ahora que nos hemos vuelto más conectados que nunca como comunidad global, existe una mayor necesidad de compasión, comprensión y empatía. En el trabajo, en las redes sociales, en reuniones públicas y en el hogar. Ayuda cuando el comportamiento humano no es un misterio para ti porque puedes evaluar inteligentemente cualquier situación dada y responder en lugar de reaccionar cuando tienes una relación con los principales motivos subyacentes que impulsan la conciencia humana.

La conclusión es la siguiente.

Cualquier cosa que podamos hacer para saber más acerca de nosotros mismos y ser mejores humanos, vale la pena sumergirse e invertir un poco de esfuerzo. Se requiere de una mente y un corazón abiertos, pero si está listo para sumergirte en nuevas perspectivas saludables, prometo brindarte los conocimientos que pueden ayudarte.

¿De qué se trata este libro?

Dicho en pocas palabras, este libro responderá a la gran pregunta. ¿Por qué haces lo que haces, ya sea si es voluntario o no? Revela los motivos subyacentes detrás de cada uno de nosotros, y lo ayudará a obtener claridad sobre los patrones que no te están sirviendo para que puedas mejorarlos y arrojar una luz sobre los rasgos positivos que debes aprovechar.

Finalmente descubrirás tu verdadero yo, y te fortalecerás lo suficiente como para discernir la diferencia entre la máscara que has estado usando como forma de protección toda tu vida, y el verdadero ser auténtico que eres tú. No solo aprenderás más sobre ti, sino que también empezarás a ver el mundo con nuevos ojos y comprenderás por qué las personas piensan, sienten, se comportan y actúan como lo hacen. Esto te permitirá detectar aquellos con los que eres más compatible, y sostener más de esas relaciones. De hecho, tengo un capítulo que te ayuda explícitamente a cultivar relaciones amorosas saludables.

Te felicito por tomar esta decisión para mejorarte y comprender mejor a tus semejantes. Tu éxito y felicidad personal será un impacto directo de los cambios y las prácticas que integres a medida que absorbes cada capítulo.

El libro está dividido en cuatro secciones. En la sección uno, volvemos a lo básico para que puedas formar una base sólida antes de integrar esto en tu vida y relaciones. En la sección dos, profundizaremos en los detalles de los tipos de Eneagrama. En la sección tres, exploramos más sobre quién eres realmente, así como los subtipos de los tipos de Ennea y, por último, prácticamente te guiaré para integrarlo en las áreas de tu vida que más importan. También tendrás la oportunidad de hacer una prueba de Eneagrama para averiguar qué tipo y subtipos resuenan más contigo. Ahora, recuerda, el sistema de Eneagrama es un trabajo aun en progreso como lo es tu vida. Sé gentil contigo mismo a medida que avanzas en este proceso y trata de no ponerte demasiado rígido tratando de encajar en un tipo o subtipo específico.

El Lado Oscuro de los Tests de Personalidad

Una mujer se desempeñaba increíblemente bien en su trabajo liderando un pequeño equipo en una importante agencia de bienes raíces hasta que tomó una de las pruebas de personalidad más común- mente elogiadas. Tras recibir los resultados de la prueba de personalidad, sus colegas no confiaron en ella de la misma manera. Sintieron que ella simple- mente no tenía la personalidad adecuada para estar en esa posición.

Al compartir su frustración conmigo, dijo: "después de ese día, cada vez que algo sale mal, o si me equi- voco, tengo la sensación inquebrantable de que es porque soy este tipo de personalidad en particular, y tal vez debería estar buscando un trabajo que sea más adecuado para ese tipo de personalidad ". Le preocupa que todos sus colegas también sientan lo mismo, y se crea una tensión que antes no existía en sus habilidades de liderazgo. Este es un problema real y común que mucha gente reporta una vez que caen en la desventaja de depender continuamente de pruebas de personalidad poco profundas.

El error aquí es elemental. Cuando aplicamos etiquetas rígidas a nosotros mismos y a otros que limitan la capacidad de hacer cosas que están fuera de los resultados de las pruebas, puede ser como estar encerrado en una pequeña caja. Quiero que evites ese pensamiento errado mientras nos adentramos en los conceptos básicos del sistema del Eneagrama. Para que puedas utilizar esta herramienta de manera efectiva, debes entender un hecho muy simple.

Eres un ser humano dinámico y en constante evolución. Tus experiencias, entorno y estado mental cambian regularmente, y lo mismo ocurre con tu tipo de personalidad. Este sistema de nueve puntos no tiene la intención de encasillarte en una categoría. Los nueve puntos están interconectados, y puedes encontrar aspectos tuyos en varios tipos. Esto es algo bueno.

Ser capaz de descubrir más de quién realmente eres es posible y se puede hacer sin necesariamente encajar en una categoría rígida. Comencemos.

SECCIÓN I. ENTENDIENDO LAS BASES E HISTORIAL DEL SISTEMA

2

LA TEORÍA DEL ENEAGRAMA

S i realmente queremos una mejor comprensión del Eneagrama y de cómo está destinado a ayudarnos a llevar una vida mejor, debemos al menos tener en cuenta el propósito principal del trabajo de Ichazo.

Tenemos que distinguir entre un hombre como es en esencia, y como es en ego, o personalidad. En realidad, cada persona es perfecta, intrépida y en amorosa unidad con todo el cosmos; no hay conflicto dentro de la persona entre la cabeza, el corazón y el estómago, o entre la persona y los demás.

Entonces sucede algo: el ego comienza a desarrollarse, el karma se acumula, hay una transición de la subjetividad hacia objetividad; el hombre cae de la esencia a la personalidad (Entrevistas con Ichazo, página 9)

La teoría actual del Eneagrama de los tipos de personalidad que creó es más que una oferte de una prueba rápida para ayudarte a encajar en una categoría específica. Se trata de iluminar y motivarte a despertar a una mejor comprensión de la estructura de tu alma y de los demás. Hay un "yo" real y un "yo" cotidiano que juntos forman el individuo que sabes que eres. Por lo general, operamos nuestras vidas enteras desde el ser ordinario (también conocido como el ser del ego) y nos separamos de ese ser profundo y verdadero, y de ahí surge toda la inquietud interna, la confusión y la crisis de identidad.

Ichazo desarrolló sus enseñanzas y metodologías transformacionales para ayudarnos a conciliar estos dos aspectos de nosotros mismos y recuperar la armonía y la integridad que es nuestra verdadera naturaleza.

Por lo tanto, el eneagrama está destinado a equiparte con una herramienta que te ayuda a comprender mejor las cualidades de tu alma y la verdadera esencia, que Ichazo propone distorsionar o contraer en los estados del ego. La teoría está inspirada en la tradición mística y filosófica occidental de nueve formas divinas según mencionado por Platón (sólidos platónicos) y luego desarrollada en el siglo III por el filósofo neoplatónico Plotino en su obra – Los Eneas.

Claramente, estas no son nuevas ideas, pero lo que podemos concluir es que nadie había consolidado tan brillantemente todas estas diferentes maneras de pensamiento para ayudar a la autoconciencia como lo hizo Ichazo. La base de su enseñanza es que mientras un individuo permanezca en esencia pura, está en completa armonía con toda la vida y posee las cualidades esenciales superiores, también conocidas como las Ideas Santas.

Cada Idea Santa tiene una Virtud correspondiente. A medida que un individuo pierde conciencia y presencia, se aleja de esa Esencia pura y entra en el ámbito de la personalidad, donde tanto las Santas Ideas como las Virtudes se distorsionan en la fijación del Ego y la pasión, respectivamente.

Ideas sagradas, Virtudes, Fijaciones del ego y Pasiones

Según la teoría de Ichazo, la pérdida de la autoconciencia conduce a una contracción espiritual, que da lugar a los estados del ego que nos hacen perder nuestra base y nuestro centro. Nos distorsionamos en nuestros pensamientos, sentimientos y acciones deshabilitando la conexión con lo Divino. No está diciendo que se supone que no debemos tener pasiones y fijaciones egocéntricas, simplemente señala que estos son aspectos inferiores e indómitos de nosotros mismos que en realidad son parte de algo más grande y mejor si solo aprendemos a utilizarlos de manera efectiva. Una vez que reconocemos que son versiones distorsionadas de la Esencia pura, se convierte en nuestra búsqueda para restaurar ese equilibrio y verdad en nuestras vidas. Este es el propósito principal subyacente al Eneagrama de la personalidad.

El objetivo no es solo hacer un examen; es lo que te sucede una vez que das ese primer paso de autoanálisis a través del examen.

3

ENTENDIENDO EL ENEAGRAMA MODERNO DE LAS HERRAMIENTAS DE LA PERSONALIDAD

*A*hora que tienes un contexto sobre el propósito y el origen de tanto el antiguo símbolo del Eneagrama como del concepto creado por Ichazo que incluye el símbolo que forma el Eneagrama de la personalidad, tal como lo conocemos hoy, cambiemos nuestro enfoque. Es hora de llevar nuestra atención de la historia básica hacia el sistema actual para que puedas empezar a ver el valor que puede aportar al desarrollo de tu vida.

Al intentar comprender y estudiar el comportamiento humano, hay varios enfoques que uno puede usar. La mayoría de ellos implica el diagnóstico de comportamientos patológicos, y aunque esto es importante, ciertamente no es un enfoque muy holístico y no considera el comportamiento humano en su totalidad.

Lo que pretende hacer el Eneagrama es ofrecer un mapa más holístico, y un lenguaje preciso para ayudarte a comprender y a expresar lo que descubres sobre ti mismo y los demás.

Aunque todavía no está claro dónde se puede trazar la línea entre el trabajo de Ichazo y el avance del sistema por parte de Naranjo, una confirmación personal durante una entrevista en la que Naranjo proclamó que llevó el trabajo que Ichazo había hecho al siguiente nivel al colocar identidades específicas en los nueve los tipos de personalidad me llevan a la conclusión de que Naranjo puede estar acreditado con los "nombres de los tipos" detallados en los que nos sumergiremos en la sección donde diseccionamos cada tipo de Eneagrama.

Independientemente del creador del sistema de los nueve puntos, sabemos que el eneagrama del siglo XXI ha evolucionado a lo largo de los años. El sistema de tipeo detallado necesitaba crecer y tener en cuenta los descubrimientos psicológicos que hemos realizado en el mundo moderno para que siga siendo relevante.

Es nuestro trabajo recordar que el propósito de esta herramienta no es etiquetar y clasificar a otros o a nosotros mismos en ciertos estados fijos. En cambio, se trata de abrirse para reconocer los principales patrones de comportamiento en los que las personas tienden a caer, entendiendo que cada individuo puede exhibir cualquiera de estos rasgos de personalidad de una manera más dominante que las otras características dependiendo de su presente estado actual, entorno, y cuán autoconscientes son.

En la entrevista donde Claudio Naranjo explicó mejor su rol en la creación del Eneagrama de la personalidad, tal como lo conocemos hoy, comparte abiertamente "Cuando la gente dice:" Un [tipo] Uno es así "o" un [tipo] Dos es así "o" el tipo del orgullo tiene estos y aquellos rasgos similares ", que proviene de mi propio trabajo. Y es por eso que solo las personas que llegaron a mi escuela se convirtieron en maestros del Eneagrama".

Continúa diciendo que lo que Ichazo tenía era un mapa básico que ayudó a desarrollar hasta el nivel avanzado que hoy conocemos. "Había cultivado la semilla, y todo lo que surgió de mi trabajo fue de ese tipo: la información incompleta o los esquemas que transmitió". (Buscador de la verdad: una entrevista con Claudio Naranjo por Iain McNay. Watkins Magazine, 2016, 14 de octubre)

Para comprender mejor la herramienta Eneagrama de la personalidad, debemos considerar cómo funciona la mente. La mente quiere ser estratégica sobre el manejo y la navegación de la vida para que puedas sobrevivir lo que se te presente. Se dice que el sistema de los nueve puntos del eneagrama son las nueve cualidades distintas y únicas que todos los seres humanos poseen como características especiales para ayudar a un individuo a navegar por la vida (incluyendo el trauma).

Tu tipo de Eneagrama es la herramienta de navegación que está contigo todo el tiempo influyendo secretamente en tu comportamiento, percepciones y reacciones de una manera que no siempre puedes predecir. Cuanto más puedas comprender tu tipo de eneagrama, mayor será tu percepción sobre ti mismo y tus patrones habituales de pensamiento porque reconocerás que hay una forma principal en la que percibes y reaccionas ante las cosas que demuestran tu personalidad del eneagrama dominante. Esto te permitirá tomar una decisión informada sobre si deseas activar o no otras características que consideres más adecuadas para el tipo de persona que aspiras a ser.

También te ayudará a discernir mejor entre el yo real y el ego en ti. Es un sistema sutil pero complejo, pero no necesitas abrumarte o confundirte. En lo que llegamos a la esencia de este libro y descubramos este sistema de nueve puntos, tómate un momento para hacer una pausa en la descripción del tipo para ver cuáles resuenan contigo. Hacia el final del libro, haremos una simple prueba del eneagrama para ayudarte a determinar dónde te encuentras y qué tipo es el más dominante en tu personalidad. Pero por ahora, exploremos cada punto numerado y la estructura del eneagrama a mayor detalle.

INTRODUCCIÓN A LOS TIPOS DE ENEAGRAMAS

*B*asado en las enseñanzas del Eneagrama del sistema de personalidad, sabemos que hay nueve puntos. Cada uno con un nombre de tipo único dado.

1. El Perfeccionista también llamado el Reformador.
2. El Dador también llamado el Ayudante.
3. El Triunfador también llamado el Ejecutante.
4. El Romántico también se llamado el Individualista.
5. El Observador también llamado el investigador.I
6. El Leal también llamado el Dudoso.

7. El Entusiasta también llamado el Soñador.
8. El Retador también llamado el Líder.
9. El Pacificador también llamado el Diplomático.

Sin embargo, vale la pena mencionar que hay más de estos nueve tipos contenidos en el sistema. También hay centros y alas que juegan un papel importante en la interpretación y comprensión de tus resultados cuando se realiza la prueba.

Los centros:

Los centros organizan los nueve puntos en tres grupos. Forman una tríada en el diagrama. Clasificar los puntos numerados como el centro instintivo para los tipos 1, 8 y 9; el centro de Sentimientos para los tipos 2, 3 y 4; y finalmente el centro de Pensamiento para los tipos de personalidad 5, 6 y 7.

Las Alas:

Las alas son las que nos ayudan a reconocer el hecho de que todos estamos conectados independientemente del tipo y que tampoco estamos apegados exclusiva y rígidamente a un punto numerado. De hecho, a menos que abracemos y desarrollemos "nuestras alas", todavía será difícil alcanzar todo nuestro potencial en la vida.

Nos sumergiremos más en los centros y en las alas en el próximo capítulo, donde incluso puedes tener una idea visual del Eneagrama para ayudar a conectarte mejor con el sistema.

Como puedes ver, hay capas adicionales de complejidades, que pueden ser muy interesantes para un individuo que tiene una mente abierta y busca verdades más profundas. Por complicado que pueda parecer este sistema, es muy dinámico y bastante simple una vez que lo comprendes y te conectas a la estructura del diagrama en sí, porque le dará a tu mente una imagen mental funcional y así tendrás una mejor comprensión acerca de tus tendencias naturales.

Al tratar de descubrir más sobre ti mismo, los demás, y la razón por la que te comporta como lo haces, el Internet tiene muchas soluciones para elegir. Desafortunadamente, la mayoría de ellos no tienen el mérito suficiente para darte una respuesta que realmente pueda transformar toda tu vida. No obstante, la herramienta de personalidad del Eneagrama es uno de los pocos sistemas reconocidos a nivel mundial que no solo te ayuda a aprender más sobre tu personalidad, sino que también expande tu conciencia para mostrarte formas en que puedes acceder a reinos que van mucho más allá de las tendencias superficiales. Lo mejor de todo es que te brinda información sobre cómo se comportará tu tipo de personalidad cuando te exponga a situaciones estresantes y poco saludables, así como lo buenas que pueden ser las cosas una vez que te encuentres en el camino saludable del desarrollo de la personalidad.

5

ESTRUCTURA DEL DIAGRAMA

*L*a estructura del diagrama del Eneagrama convencional está destinado para ayudar a conectarte visual, mental y emocionalmente con la herramienta, mostrándote cómo funciona la interrelación entre los tipos de personalidad. Antes de comenzar a diseccionarlo, apuesto a que te preguntas por qué el sistema está numerado del 1 al 9. Yo también tenía curiosidad al respecto. ¿Una clasificación numérica más alta implica que un tipo de personalidad posee más valor?

¡De ningún modo! No hay diferencia de valor entre el número más grande y el más pequeño. Entonces, el hecho de que alguien sea un ocho no significa que sea mejor que un tres.

Creo firmemente que ningún tipo es mejor o peor que el otro. Cada personaje es único con diferentes atributos que pueden ser expresados de manera saludable o dañina. Claro, encontrarás que algunas personas desean un número específico porque según la sociedad es mejor ser ese tipo de personalidad, pero simplemente no estoy de acuerdo con esto último. Creo que cualquier símbolo puede convertirse en una desventaja si está subdesarrollado. La clave es nutrir los aspectos saludables del tipo con el que más resuenes. No te preocupes tanto por lo que "la gente diga" que es la mejor personalidad. El mejor personaje para ti es ser auténticamente tú mismo y aparecer como la versión más grande que puedas ser.

La forma más rápida de entender el diagrama es comenzando desde las capas externas y avanzando hacia adentro. Imagina dibujar un círculo. Luego un triángulo dentro del círculo y deja que toque las tres esquinas. Marca los tres puntos del triángulo 9, 3 y 6 en la posición de las agujas del reloj con el 9 posicionado en la parte superior del círculo.

Todo lo que tienes que hacer ahora es hacer seis puntos equidistantes de la circunferencia del círculo y designar los números restantes 1,2,4,5,7,8 para llenar los espacios en blanco. Asegúrate de hacerlo simétricamente y en el sentido de las agujas del reloj. Cada uno de estos números representa uno de los nueve tipos principales de personalidad. Si realizas esta actividad a mano, comenzarás a notar que los nueve puntos se pueden conectar de alguna manera mediante líneas internas y que los puntos 3, 6 y 9 en realidad forman un triángulo equilátero. Los seis puntos restantes se pueden conectar como se muestra en el siguiente diagrama. La importancia de estas líneas internas nos lleva a otra lección vital cuando se trata de comprender la herramienta del Eneagrama de la personalidad.

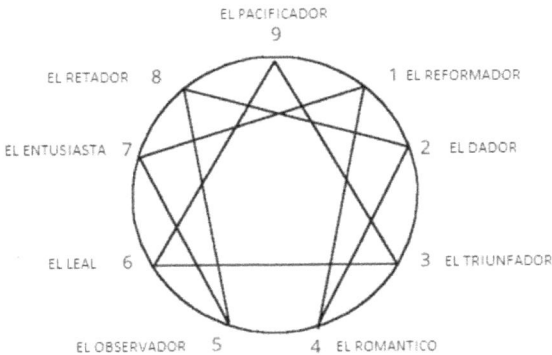

En un nivel fundamental, la herramienta se utiliza

para ayudar a una persona a identificar su tipo más dominante dentro del sistema de nueve puntos. Sin embargo, hay más de lo que parece a simple vista para aquellos que quieran sumergirse más profundamente. También hay interconexión entre los nueve puntos. Entonces, aunque puedas encontrar que tu personalidad básica es un 2, no es raro descubrir un poco más de ti en los nueve tipos. Aquí es donde entran en juego los Centros y las Alas.

Todos los maestros y autores del Eneagrama concuerdan en que todos nacemos con un tipo de personalidad dominante en particular, que emerge desde la infancia para ayudar a adaptarnos a nuestro entorno.

Como recién nacidos, no tenemos realmente un sentido desarrollado de uno mismo. El ego aún no se ha activado y si tienes duda sobre esto, simplemente pasa un tiempo en el parque. Observa cómo un pequeño bebé en un cochecito no tiene sentido de identidad. Él o ella apenas puede distinguir la diferencia entre sus dedos de las manos y de los pies, o si una muñeca le pertenece o no. Luego observa a los niños pequeños que comienzan a ser más conscientes de sí mismos. Pueden identificar a sus padres y hermanos, pero aún no tienen un sentido de sí mismos. Luego tenemos a los niños de cinco años jugando juntos, persiguiendo una pelota. El dueño de la pelota sabe que le pertenece y probablemente lloraría si se la arrebatas, pero el "yo" todavía es muy fluido. Una vez que rebasan la edad de 7 años, el "yo" está bien definido, y todo se trata de tomar posesión y determinar el "yo" y el "mío". De niños no éramos diferentes. Dependiendo de nuestro entorno, lo que nuestros tutores nos enseñaron, cómo nos trataron y a qué nos expusimos, desarrollamos un sentido de identidad para ayudarnos a encajar en este mundo y sobrevivir.

Podemos, por lo tanto, generalizar que nuestros años de formación y todo lo que estuvimos expuestos ayudaron a dar forma a nuestras personalidades. Aprendimos a depender más del tipo de personalidad que nos permitiría sobrevivir y sentirnos seguros en el mundo que nos rodea. Algunos de los que elegimos pueden ser maravillosos, pero quizás algunos aspectos no sean saludables en absoluto, pero aun así nos mostramos en el mundo como esa persona. Además, puede ser que hayamos descuidado el desarrollar y aprovechar la influencia de las cualidades conectadas, y las habilidades especiales que podamos poseer. Es por eso que conocer el centro al que pertenece y las alas que posees podría valer la pena. Discutamos más a fondo el rol de los tres centros y las alas antes de saltar a cada uno de los nueve puntos en la siguiente sección.

Los centros:

Como se mencionó anteriormente, los Centros están segmentados en una tríada. Estos son centros de inteligencia en los que caerá cada uno de los puntos numerados. Cada centro contendrá tres tipos de personalidad. La tríada consiste en el centro de pensamiento, el centro de sentimiento y el centro del instinto.

También conocido como los centros de cabeza, corazón, e instinto respectivamente. Estos centros están diseñados y designados para las áreas específicas en el diagrama intencionalmente. Los centros generalmente se diferencian entre sí en función de cómo la persona suele interpretar la vida y a los demás.

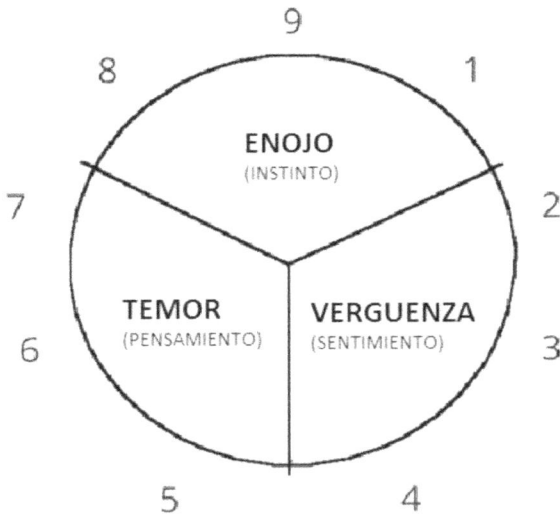

El Centro de Pensamiento:

Las personas se van por la lógica por lo general están atrapados en su cabeza. Tienden a retirarse de las relaciones. El centro de la cabeza es un centro cognitivo y las personas de esta tríada adoran pensar, analizar y abordar las cosas con precaución. Imagina por un momento que estuviste en una fiesta. Si eres parte del centro de pensamiento, entonces tu tendencia y preferencia natural sería estar parado en o cerca de la puerta para que puedas tener una mejor vista y simplemente observar a los demás.

A algunos autores les gusta referirse a ellos como tipos mentales. Su emoción dominante para mantener vigilada es el Miedo.

El Centro de los Sentimientos:

Las personas sentimentales suelen ser personas que se involucran en relaciones y buscan continuamente a otros. Están muy preocupados por los sentimientos y sus interacciones con otras personas. Vuelve al escenario de la fiesta una vez mas. Esta vez, en lugar de estar junto a la puerta para ver quién está presente y lo que sucede a tu alrededor, serías el primero en mezclarte, presentarte a los demás e intentar conectarte con la mayor cantidad de gente posible.

Algunos autores se referirán a ellos como tipos basados en sentimientos. Su emoción dominante para mantener vigilada es la Vergüenza.

El centro instintivo:

Las personas "estomacales" son instintivas. Son muy directas y no tienen miedo de ser confrontativas. Las personas en esta tríada tienden a actuar primero, y pensar y sentir después. Si tomamos el ejemplo de la fiesta por última vez, sabrías si esta tríada se adapta perfectamente a tu enfoque desde el momento en que ingresas a la sala. ¿Eres audaz, cordial y jovial en tu interacción con los demás? Quizás salgas demasiado audaz, lo que otros a menudo encuentran ofensivo o intimidante. Y si eres el tipo de persona que no es tímida cuando se trata de ofrecer una crítica constructiva, incluso si es para el anfitrión de la fiesta, entonces dirías que este es tu centro de inteligencia.

Algunos autores se referirán a estos tipos como tipos basados en el cuerpo. La emoción dominante a tener vigilada es el Enojo.

Según el Instituto del Eneagrama, cada tipo es el resultado de una relación particular ante un grupo de problemas que caracterizan a ese centro. Dicho de una forma simple, estos problemas giran en torno a una respuesta emocional poderosa, en su mayoría inconsciente, a la pérdida del contacto con el núcleo de uno mismo. (Cómo funciona el sistema del Eneagrama a través del Instituto del Eneagrama)

En otras palabras, tienes una respuesta emocional inconsciente y específica que a menudo surge como resultado de la pérdida del contacto entre el pequeño "yo" cotidiano y el verdadero "yo". Los tres centros, siendo agrupados en Pensamiento, Instinto y Sentimiento tienen como emociones dominantes el Temor, el Enojo, y la Vergüenza, respectivamente.

Entonces, si tomas la prueba del Eneagrama y descubres que eres un tipo 6, y tras una pequeña reflexión te das cuenta de que el miedo es definitivamente uno de los mayores paralizadores que te detienen de la grandeza, entonces has confirmado que eres dominante en el Centro de Pensamiento.

Cuanto más desconectado estés de tu verdadero ser; más fuerte será el control del miedo, porque esa es la emoción inconsciente dominante. Entonces, cuando estás mejorando tu vida y trabajando duro para manifestar una vida que quieres, es importante vigilar de cerca el miedo porque ese sería tu mayor fuente de sabotaje.

Cada centro de inteligencia incluye ciertas responsabilidades y activos, las cuales serán poseídas por el tipo de personalidad asignado que pertenece a ese grupo. Por ejemplo, el tipo tres cae en el "centro de los sentimientos". Esto sugiere que la emoción inconsciente más dominante a tener en cuenta es la vergüenza. También significa que hay ciertas fortalezas y cualidades que tendrían en relación a los "sentimientos", razón por la cual caen en esa tríada.

Solo para que quede claro, esto no significa que no experimentarás otras emociones. Piensa en el grupo en el que estás como si tuviera un tema. Cualquiera que sea tu tema, esa será tu emoción más dominante de lidiar.

Las Alas:

La razón por la que creo que las alas son un aspecto importante a incluir en tu interpretación de los resultados de tu Eneagrama es que, en verdad, ninguno de nosotros puede ser definido por un solo tipo de personalidad.

Somos individuos únicos y complejos. Siempre evolucionando y cambiando de un momento a otro. Lo que significa que nuestra persona también debe ser una combinación de varias cualidades. Las alas ayudan a integrar este concepto en el sistema.

Aunque algunos maestros del Eneagrama argumentan que solo tenemos un ala, estoy convencido de que debemos tener más de una. Incluso si lo juzgamos desde un punto de vista estrictamente numérico, el número 1 está conectado al 2 en un lado y al 9 en el otro. El tipo adyacente al 1 es lo que llamamos su ala. Así como un pájaro o avión necesita ambas alas para volar, tu también necesitas alas para volar. Estas alas son supuestamente complementos de tu personalidad central. Te conectan con tus "vecinos más cercanos", dándote acceso a diferentes recursos y características que pueden ser bastante útiles.

¿Ambas alas son igualmente dominantes y necesitas desarrollar cada una individualmente?

Sí y no. En realidad, no es una pregunta fácil de responder. El Instituto del Eneagrama ofrece una pequeña idea de esto. "La observación de las personas nos lleva a concluir que, si bien la teoría de las dos alas se aplica a algunos individuos, la mayoría de las personas tiene una dominante. En la gran mayoría de las personas, mientras que la llamada segunda ala siempre permanece operativa hasta cierto punto, el ala dominante es mucho más importante ".

Creo que lo más importante a recordar cuando se trata de tus alas es que resonarás más con un lado y está bien. Con el paso de los años, eso también puede cambiar, y puede que te encuentres cambiando y exhibiendo más cualidades del ala que es menos influyentes. De cualquier manera, es bueno tomar conciencia de ambas y descubrir cuál se alinea mejor con tu personalidad central, y hacia el ser humano en el que deseas convertirte.

Una forma efectiva de acercarte y comprender tus alas:

No hace mucho, entré a mi establecimiento de yogurt favorito para tomarme un descanso de las compras en el centro comercial que me había tomado una hora. Desafortunadamente, no era el único que necesitaba de este descanso refrescante. Estuve alrededor de 5 minutos esperando en la fila antes de que finalmente me tocara. En lugar de fruncir el ceño y sentir pena por mí mismo, decidí observar los aditivos que pedían las personas frente a mí para su yogurt. Fue una experiencia bastante emocionante cuando me percate de cuán únicos somos todos. Algunas personas querían solo la base simple sin ingredientes extra en absoluto. Otros querían cuatro ingredientes diferentes.

¡Una adolescente frente a mí quería saber si podía obtener seis ingredientes diferentes! Pensé que eso era demasiado. Cuando llegó mi turno, ¡me sentí bastante modesto cuando pedí un yogurt helado de tamaño mediano con solo Nutella como aditivo! Sí, soy un adicto a la Nutella, ¿qué puedo decir?

A lo que voy con esta anécdota es lo siguiente.

Así como todos somos únicos con nuestros ingredientes preferidos, la relacion con nuestras alas también variarán de un individuo a otro. Las alas no son el yogurt congelado; son los ingredientes que puedes elegir para darle sabor a tu yogurt (el tipo de personalidad central). Todos tenemos acceso a nuestras dos alas, y en ocasiones una será más predominante que la otra.

Cuanto más seas consciente de tu preferida, más fácil será usar tus alas. Algunas personas no les gusta ningún ingrediente extra. En este caso, nos referiríamos a ellos como un ala ligera; algunos quieren muchos ingredientes o una cantidad abundante de uno solo. A los que podríamos referirnos como ala/s fuertes. Otros como yo queremos tener la cantidad justa de ingredientes, y podemos referirnos a ello como alas dobles equilibradas. Independientemente de tu preferencia, estar en conexión con tus alas puede ayudarte a comprender la sutileza de tu tipo de personalidad central.

A medida que te inclines más hacia tus alas, ya sea a un lado o hacia el otro, extenderás tu perspectiva y aumentarás tu capacidad para lidiar con la tensión, creando un mayor potencial para replantear a los influenciadores que ya no te sirven. Cada tipo de personalidad central viene con un "vecino cercano" conectado a cada lado del sistema de nueve puntos. Algunos de los dones y desafíos que lleva cada ala se explorarán en la siguiente sección a medida que descubramos las cualidades de los tipos de personalidad central. Hagámoslo.

SECCIÓN II. EL ENEAGRAMA DE LOS TIPOS DE PERSONALIDAD A DETALLE

6

EL ENEAGRAMA DE LOS TIPOS DE
PERSONALIDAD

Tipo Uno: El Perfeccionista también conocido como Reformador

Una persona de esta categoría generalmente se le considera perfeccionista. A él o ella le gusta sentirse en control y tiene una necesidad constante de hacer lo correcto. Algunos de los valores centrales para alguien de tipo uno son integridad y responsabilidad.

Ser considerado una buena persona es fundamental para quienes caen en este primer tipo, a menudo adoptando un enfoque más blanco y negro para todo. Algo es bueno o malo; mal o bien, es así de simple para ellos. Están más basados en el cuerpo y generalmente están más atentos al mundo externo que al interno.

Famosas celebridades como Hilary Clinton, Martha Stewart o incluso reformadores mundiales como Nelson Mandela probablemente caerían en este tipo.

Ciertas cualidades se le atribuyen a los de tipo uno. Rasgos asociados con el carácter, como ser intencionales, basados en principios, autocontrol, llenos de integridad y pragmáticos.

Pueden ser bastante tranquilos y serenos, pero también se sabe que son muy críticos con ellos mismos y con los demás. Tienden a ser muy intransigentes y críticos. Dado que caen en el Centro del Instinto, la ira y el enojo son experiencias comunes, pero hacen un buen trabajo reprimiéndolo porque no les gusta expresar mucho las emociones.

Si eres una persona de tipo uno, entonces es más probable que estés interesado en hacer lo correcto en todo momento. El sentido común es en lo que crees, y eres muy responsable, a menudo te preguntas qué les pasa a las personas que no toman la vida en serio y no son responsables de sus actos. Tienes altos estándares y tiendes a ser un idealista haciendo lo mejor que puedes para mejorar el mundo que te rodea, de ahí el término común "reformador". Estás orientado a los detalles, preciso en tu forma de comunicación y con los pies en la tierra.

Como auto-mejorar:

La mejor manera de ayudar a tu crecimiento personal si resuenas más con el tipo uno, es practicar ser menos crítico contigo mismo. Aprende a soltar la ira, la rabia, el resentimiento o cualquier otra cosa que aparezca de manera saludable.

Aprender a perdonarte a ti mismo y a los demás por los errores también será una experiencia liberadora, ya que te dará más poder para lidiar con las imperfecciones de las que te vuelves consciente. Además, ¡date permiso para divertirte!

Tus Alas

El Ala Nueve:

Regalos:

Algunos de los regalos que esta ala le brinda al perfeccionista y al estricto incluyen, entre otros, los siguientes.

- Esa fuerte necesidad de corregir o mejorar a

las personas y las cosas se reducen significativamente.
- Puedes sostener más puntos de vista y ser más abierto y colaborativo.

Hay una mayor sensación de relajamiento, confianza y aceptación de los demás tal y como son.

Desafíos:

Algunos de los desafíos que esta ala tiene para el perfeccionista y el estricto incluyen, entre otros, los siguientes.

- Es posible que estés menos concentrado en atender tus necesidades personales y, en cambio, pones todos tus esfuerzos en las necesidades de los demás, lo que podría conducir a un camino poco saludable de auto descuido.
- El enfoque relajado, a su vez, no es saludable para ti, pues hace que comiences a postergar y descuidar tareas importantes.

El Ala Dos:

Regalos:

Algunos de los regalos que esta ala le brinda al perfeccionista y al estricto incluyen, entre otros, los siguientes.

- Puedes notar que tu actitud a menudo crítica hacia ti mismo y hacia los demás se suaviza con la compasión, la empatía y la comprensión.
- El idealismo en ti se expresará más fácilmente de manera constructiva al servicio de los demás.

Desafíos:

Algunos de los desafíos que esta ala trae al perfeccionista y el estricto incluyen, entre otros, los siguientes.

- Es posible que tengas un mayor deseo de mejorar a las personas y las condiciones para que puedas sentirte aceptado y valioso.
- Hay una tendencia a sentirse victimizado o aprovechado incluso cuando sacrificas tus propias necesidades.

Tipo Dos: El Dador también conocido como el Ayudador

Este tipo de persona es naturalmente muy empática, cariñosa y útil para los demás, de ahí el término "ayudante".

Piensa en una figura icónica como Diana: la princesa de Gales, o la Madre Teresa, y tienes una buena comprensión de este tipo de personalidad. Si nos atreviéramos a ir demasiado lejos, incluso podríamos asignar arquetipos religiosos como Jesucristo a este punto numerado.

Ciertas cualidades se le atribuyen al tipo dos. Rasgos de carácter como autenticidad, compasión, generosidad, posesivo y afectuoso.

Debido a que tienen una necesidad tan fuerte de amor, a menudo pueden convertirse en personas complacientes.

Un tipo dos valora mucho las relaciones y pone mucha energía en ellas hasta el punto en que puede descuidar sus necesidades personales. Sin duda, se consideraría que los empáticos pertenecen principalmente a esta categoría. Al ser un tipo basado en los sentimientos, se agrupan como parte del Centro de los Sentimientos, y desafortunadamente, esto lleva a la emoción dominante de la vergüenza.

A menudo, una persona de esta categoría intentará

enmascarar la vergüenza que está experimentando y esa sensación de no ser lo suficientemente bueno al compensar en exceso sus interacciones con los demás para que las personas puedan pensar en ellos como buenos.

Si eres una personalidad de tipo dos, entonces es más probable que seas una esponja emocional que siempre experimente más que los demás, lo que te hace realmente bueno para apoyar y dar a los demás. Pero es posible que hayas notado que es algo complicado darse a uno mismo o tomarte el tiempo para atender tus necesidades. Debes tener cuidado de no absorber las emociones en piloto automático, ya que eso desestabilizará tu sensación de estar asentado. Eres una persona amable, comunicativa y generosa por naturaleza, pero debes asegurarte de que no se vuelva una dependencia.

Como auto-mejorar:

Haz de tu propio cuidado y del amor propio una prioridad en tu vida. Entrénate para comenzar a prestar atención a tus propias necesidades. Sé que decir que no y establecer límites es difícil, pero debes comenzar a reconocer cuándo establecer límites para tu propia protección mental, emocional, espiritual y física.

Tus Alas

El Ala Uno:

Regalos:

Algunos de los regalos que esta ala aporta al tipo dador y ayudador incluyen, entre otros, los siguientes.

- Puedes sentirte más influenciado para ser más generoso y dar no solo a las cosas que prefieres sino a todas las cosas en general.
- Fortalecerá tus límites, te volverá más honesto consigo mismo y, en lugar de explotar, puedes redirigir esas emociones para mejorar las cosas a tu alrededor.

Desafíos:

Algunos de los desafíos que esta ala trae al tipo dador y ayudador incluyen, entre otros, los siguientes.

- La influencia de esta ala puede hacer que trabajes demasiado en un intento de ayudar al desvalido y lograr más justicia.
- Es posible que experimentes un aumento de

dolor y una acumulación más significativa de críticas y resentimiento.

El Ala Tres:

Regalos:

Algunos de los regalos que esta ala aporta al tipo dador y ayudador incluyen, entre otros, los siguientes.

- Esta ala te traerá un mayor sentido de autoestima; enfoque, efectividad, organización y te permitirá convertirte en un mejor delegador.
- Te sentirás seguro para defenderte y formar parte de un equipo. Te ayuda a darte cuenta de que no tienes que hacer todo por tu cuenta.

Desafíos:

Algunos de los desafíos que esta ala trae al tipo dador y ayudador incluyen, entre otros, los siguientes.

- A medida que te involucres más con el trabajo y menos con tu "yo" interior, podrías terminar descuidando tus necesidades y volviéndote adicto al trabajo.

- También puedes desarrollar la tendencia a ser reconocido y ser visto como "importante" por aquellos que consideras influyentes. De ahí el peligro de adquirir demasiado orgullo por motivo de tu trabajo.

Tipo Tres: El Triunfador también conocido como el Ejecutante

El triunfador, también conocido comúnmente como el ejecutante, es el término dado a la personalidad de tipo tres. Si bien hay algunas similitudes entre el tipo uno y el tres, una persona en esta categoría está más motivada por el éxito y por tener lo mejor de la vida. Él o ella quiere ser admirado y valorado.

Los tres tipos son trabajadores, diligentes y, a veces, incluso un poco obsesivos, lo cual es excelente porque los mantiene activos hasta que logran sus objetivos. Ser el mejor es algo que realmente le importa a este tipo de personalidad, y es por eso que a menudo se convertirán en los mejores de la industria elegida. En nuestro mundo moderno, individuos como Muhammad Ali, Will Smith, Tom Cruise, Elon

Musk y Oprah Winfrey sin duda serían clasificados como triunfadores.

Las cualidades que posee esta persona pueden ser sobresalientes, y también pueden ser bastante dañinas si se centran en lo incorrecto. El deseo de ser el mejor en el trabajo, verse bien, demostrar éxito y ganar siempre puede hacer que un tipo tres sea súper competitivo, tenso e incluso puede llevarlo a pasar por encima de los demás solo para salir adelante.

Ciertas cualidades se atribuyen a este tipo tres, tales como ser impulsivo, seguro de sí mismo, consciente de la imagen, adaptable, enfocado, determinado, excelente, enérgico y excelente en liderazgo y comunicación.

A un tipo tres le encanta aprender, asumir nuevos desafíos y ganar. A este tipo de personalidad le encanta verse bien y generalmente es una persona inteligente y excelente para aprender, especialmente si también quieres sobresalir en la vida. Tienen mucha energía y entusiasmo por la vida que muchos consideran contagiosos, y esto realmente los ayuda mientras ascienden de rango en la vida o se convierten en exitosos por cuenta propia.

También caen en el Centro de Pensamiento, lo que significa que la vergüenza es un tema emocional subyacente con el que tienen que lidiar continuamente. Debido a que los tres están tan centrados en la imagen y el éxito externo, a él o ella generalmente le cuesta saber cómo manejar las emociones, especialmente la vergüenza. Por lo tanto, la negación es a menudo la opción preferida para los de tipo tres.

Su mecanismo de acoplamiento contra la vergüenza es un esfuerzo por convertirse en lo que ellos creen que es el individuo más valioso y exitoso posible, con la esperanza de que esto disuelva esa inquietud y sentimientos de vergüenza e insuficiencia subyacentes.

Si tú eres una personalidad de tipo tres, la productividad, el alto rendimiento y la excelencia mueven la aguja por ti. Te encanta ser el mejor y recibir reconocimiento por ello. El progreso, estar motivado y motivar a otros a tu alrededor para que tengan éxito es algo natural para ti. No hay duda al respecto, piensas diferente, sueñas más grande que la mayoría y te esfuerzas por lograr más que la mayoría de las personas. Tu energía a menudo es contagiosa, y a la gente generalmente le encanta estar cerca de ti porque los enciendes.

Como auto-mejorar:

Tómate un tiempo para hacerte una auto-auditoría con regularidad y obtener claridad sobre lo que significa para ti el verdadero éxito y la felicidad. Mirar hacia adentro puede ser un poco aterrador, pero ahí es donde radica tu verdadero poder.

Es esencial no confundir el éxito material con el cumplimiento y la autoestima, y debes extraer tu poder de la Fuente real de la vida, y no del poder de la agencia. Tu verdadero valor no puede provenir de títulos, premios y validación externa. Y esa profunda sensación de significado que anhelas en tu vida no vendrá de los logros, por lo que tomarte el tiempo para investigar y descubrir quién eres realmente te permitirá emerger mejor y más próspero de todas las maneras posibles.

Tus Alas

El Ala Dos:

Regalos:

Algunos de los obsequios que esta ala aporta al triunfador y al competitivo incluyen, entre otros, los siguientes.

- Esta ala realmente te da el don de encontrar ese equilibrio entre estar orientado a tareas u objetivos, y preocuparte por las personas. Te permite valorar a las personas y la contribución que hacen en tu vida.
- También te vuelve más consciente de tus necesidades y ves el valor de priorizar las relaciones no laborales.

Desafíos:

Algunos de los desafíos que esta ala trae al triunfador y al competitivo incluyen, entre otros, los siguientes.

- Puedes experimentar mucha más desilusión y autocrítica si tus logros no son apreciados.
- También podrías tener una mayor necesidad de validación y obtener la aprobación de otros, especialmente aquellos que son interesados clave. El ser complaciente con las personas puede afectar tus acciones.

El Ala Cuatro:

Regalos:

Algunos de los obsequios que esta ala aporta al

triunfador y al competitivo incluyen, entre otros, los siguientes.

- Uno de los mejores regalos que recibirás de esta ala es darte cuenta que el autodesarrollo y tomarse el tiempo para comprender el mundo interior tiene un enorme valor.
- Sentirás una mayor necesidad de ser auténtico, fiel a sí mismo y valorar las relaciones como un intercambio mutuo.

Desafíos:

Algunos de los desafíos que esta ala trae al triunfador y al competitivo incluyen, entre otros, los siguientes.

- Puede que te encuentres más malhumorado, introvertido y demasiado reflexivo.
- El sentimiento amplificador de que "falta algo" puede hacer que saltes de una relación intensa y de corta duración a otra para ayudar a sentirte bien.

Tipo Cuatro: El Romántico también conocido como el Individualista

Una persona de tipo cuatro se conoce principalmente como individualista, pero también me gusta el término romántico.

Esta persona es súper creativa, ve belleza y magnificencia en todo y tiende a romantizar las cosas. Piensa en personas famosas como Oscar Wilde, Michael Jackson, William Shakespeare o el poeta persa Hafiz, y ahora tienes una mejor idea de las personas que caerían en este tipo.

Las cualidades del carácter asociadas con este tipo de personalidad incluyen la creatividad, autenticidad, valor, pasión y profundidad emocional.

Sin embargo, también se consideran muy temperamentales, absortos y dramáticos, siempre exagerando las cosas. Hay una sensación subyacente de melancolía en los de tipo cuatro, ya que invariablemente sienten que falta algo.

Los de tipo cuatro anhelan ser entendidos y atesorados por quienes realmente son, pero regularmente se sienten incomprendidos y poco apreciados. Dicha persona diseñará un paisaje mental interno donde se sienta liberado y alimentado, como un medio para escapar del mundo duro y cruel que nunca "los comprende", ni sus sensibilidades.

Se ha dicho que la mayoría de los de tipo cuatro son artísticos o están muy interesados en el arte como un medio de autoexpresión, pero ya sea este el caso o no, una personalidad tipo cuatro tenderá a experimentar mucho disgusto e insatisfacción en el mundo, ya que se sienten diferentes y únicos de aquellos que no son como ellos. Y buscarán encontrar y expresar integridad y belleza de una manera idealista.

Siendo el más emocional de todos los tipos de personalidad, tienden a luchar más con la emoción mas dominante de la vergüenza. Forman parte del Centro de Sentimientos y, sin duda, "sienten" profundamente, por lo que su malestar es probablemente más pronunciado y más fácil de detectar. Sin embargo, intentan enmascarar esto enfocándose en cuán únicos y especiales son a pesar de que puede resultar en una montaña rusa de emociones al caer en una depresión profunda y otras emociones negativas hacia el otro extremo de la belleza, alegría, fantasía y creatividad inspirada.

Si eres un tipo de personalidad cuatro, entonces valoras el individualismo y la autoexpresión personal. Te encanta ver a alguien compartir auténticamente sus sentimientos, pero notas que a veces puedes ser realmente cálido y acogedor, mientras que en otras ocasiones puedes sentirte seco y frio con las personas. Un día puede estar extasiado y poco después sumergirte en la depresión. La envidia y los celos a menudo se apoderan de ti a pesar de que no te gusta admitirlo.

Como auto-mejorar:

Ese crítico interno que a menudo es tan ruidoso necesita ser domesticado y silenciado. La culpa internalizada no es nada saludable para ti, y requiere un cambio en tu percepción y en cómo procesas las emociones y situaciones negativas.

Aprende a decir tu verdad abiertamente sin perder el control de tus emociones. Encuentra una manera de equilibrar tu montaña rusa emocional para que puedas dejar de caer en el pozo de la desesperación y la depresión.

Tus Alas

El Ala Dos:

Regalos:

Algunos de los regalos que esta ala aporta al tipo individualista creativo e intenso incluyen, entre otros, los siguientes.

- El deseo de tener éxito y verse bien que proviene originalmente de esta ala te ayuda a ser real y resistirte a ser una reina o un rey del drama.

- También te ayuda a sentirte más obligado a expresarte de manera práctica, motivándote a ser un trabajo más activo, creativo y productivo que involucre e inspire a otros. En resumen, eres más capaz de equilibrar tu mundo interior y exterior.

Desafíos:

Algunos de los desafíos que esta ala trae al tipo creativo e individualista intenso incluyen, entre otros, los siguientes.

- Hay una tendencia a querer arreglar a los demás y al mundo externo en lugar de a ti mismo.
- Eres más propenso a la agitación y la depresión, ya que la presión continua para realizar y tener éxito se añade a tu tipo de personalidad melancólica.

El Ala Cinco:

Regalos:

Algunos de los regalos que esta ala aporta al tipo creativo e individualista intenso incluyen, entre otros, los siguientes.

- Tu tipo de personalidad altamente sensible, intuitiva y emocional se equilibra con la razón, la lógica y la observación objetiva.
- A medida que el pensamiento se fusiona con el sentimiento, te volverás menos impulsivo, dramático y más auto controlado.

Desafíos:

Algunos de los desafíos que esta ala trae al tipo creativo e individualista intenso incluyen, entre otros, los siguientes.

- Cuando tengas momentos difíciles o te sienta deprimido, lo más probable es que te aísles y oculte tus emociones a los demás.
- También podrías tener dificultades para conectarte con otros y sentirte marginado como algún tipo de alienígena alrededor de otros.

Tipo Cinco: El Observador también conocido como el Investigador

La personalidad del Observador, también conocida comúnmente como investigador, suele ser brillante, altamente intelectual, ansiosa por aprender continuamente y se siente más cómoda en el ámbito del pensamiento. Este tipo de persona tiende a ser muy independiente y disfruta de la soledad. A él o ella le gusta recopilar información y observar patrones a su alrededor tratando de hallar sentido a su entorno y mundo. Individuos como Albert Einstein, Nikola Tesla, Isaac Newton y Marie Curie son algunos ejemplos de personas de este tipo.

Algunas de las cualidades asociadas con los de tipo cinco son la innovación, autosuficiencia, aislamiento, son reservados, curiosos, perceptivos, académicas, tranquilos y callados. Son pensadores intensos e inteligentes y disfrutan atendiendo los asuntos de su mente en lugar de tratar de encajar en el mundo.

Al igual que los tipos basados en la mente, los de tipo cinco a menudo se aíslan de las relaciones, y muchos los consideran emocionalmente inexpresivos. Pero no todos ellos. Algunos de los cinco se preocupan por la familia y las relaciones, pero aun así

requieren mucho tiempo a solas para recrearse a sí mismas y perseguir sus pasiones. No es fácil darse cuenta de lo que sucede debajo del nivel de la superficie de alguien de este tipo cinco, y tienen una necesidad exagerada de privacidad.

La personalidad tipo cinco cae en el grupo del 'Centro de Pensamiento', lo que hace que el miedo sea uno de los temas negativos dominantes con los que tienen que lidiar. El miedo a la insuficiencia es una de las grandes batallas que deben superar los de tipo cinco cuando se trata de lidiar con el mundo externo, ya que se sienten incapaces de manejarlo activamente. Quizá es por eso que tienden a separarse de los demás y de sus propios sentimientos.

Los expertos dicen que a los cinco les gusta retraerse del mundo debido a su miedo inconsciente y la creencia de que al entrar en sus mentes y usar eso para penetrar en la naturaleza de nuestra sociedad, puedan relacionarse mejor con élla. Desafortunadamente, eso generalmente no funciona demasiado bien para ellos y en su temor de ser abrumados por personas o emociones, pueden parecer arrogantes y despectivos.

Si encajas con este tipo, entonces probablemente valores mucho el conocimiento y la educación continua, especialmente los temas que te interesan. Algunas personas piensan que eres demasiado intelectual y a veces puedes ser bastante literal, pero realmente no te importa.

Las pequeñas charlas y los chismes te molestan y prefieres la soledad. Tiendes a quedarte atrapado en tu cabeza y prefieres pasar tiempo con personas que te dan suficiente espacio para pensar las cosas. Te gusta ser minucioso en todo lo que haces, y disfruta mucho participar en conversaciones profundas y significativas. De hecho, cuando te apasiona algo, puedes hablar de ello con excelentes detalles técnicos durante mucho tiempo. Volver a conectar con las sensaciones y la energía dentro de tu cuerpo y corazón es una tarea difícil a pesar de que sabe que es bueno para ti y, sobre todo lo demás, la libertad personal y la autonomía te brindan un gran placer.

Como auto-mejorar:

Comienza aumentando la cantidad de tiempo que pasas reconectando con tu cuerpo y tus emociones. Tu capacidad de acceder a tu energía y a las percepciones espirituales superiores solo te harán más fuerte.

Crea un ambiente seguro para ti donde puedas embarcarte en esta búsqueda regularmente para que puedas fusionar tu fuerza intelectual con tu poder espiritual.

Pon un poco más de esfuerzo en las relaciones que te interesan.

Hazle saber a tus seres queridos que te preocupas por ellos y se más expresivo de tus emociones, aunque se siente un poco incómodo. Date permiso de "sentir" emociones como alegría, estar enamorado, gratitud, afecto, etc. Esto abrirá un canal para que otros viertan lo mismo en tu vida y te ayuden a lidiar con los sentimientos de soledad e insuficiencia que a veces resurgen.

Tus Alas

El Ala Dos:

Regalos:

Algunos de los regalos que esta ala aporta al tipo de experto silencioso incluyen, entre otros, los siguientes.

- Para una personalidad de tipo cinco, tendrás la capacidad inusual de conectar tu cerebro derecho e izquierdo, lo que te vuelve tanto intuitivo como analítico.

- También te conectarás más profundamente en tus relaciones íntimas.

Desafíos:

Algunos de los desafíos que esta ala trae al tipo experto silencioso incluyen, entre otros, los siguientes.

- Podrías terminar alejándote aún más del mundo material y perderte en fantasías de la mente.
- Esta ala podría traer consigo una sensación amplificada de ser mal entendido y sentir que nadie "te comprende". Esto podría conducir a trastornos del estado de ánimo e incluso depresión.

El Ala Seis:

Regalos:

Algunos de los regalos que esta ala le brinda al experto silencioso incluyen, entre otros, los siguientes.

- Tendrás la capacidad de conectarte más profundamente con grupos o equipos en los que confíes.
- Esta ala trae consigo el valor y la asertividad del de tipo seis, que te puede ser muy útil al lidiar con la vida cotidiana.

Desafíos:

Algunos de los desafíos que esta ala trae al experto silencioso incluyen, entre otros, los siguientes.

- Existe una tendencia a ser muy indeciso y temeroso, lo que puede hacer que dudes en involucrarte en nuevos proyectos o con nuevas personas.
- Un aumento del escepticismo que provenga originalmente de esta ala puede tener una influencia muy negativa en tu personalidad central, lo que hace que estés aún más retraído y aislado de los demás.

Tipo Seis: El que Duda también conocido como el Escéptico Leal

Una personalidad de tipo seis siempre está alerta y muy consciente de su entorno y sus responsabilidades. Conocer las reglas y proteger a los que están bajo su cuidado es muy importante para los seises. Son muy confiables y valoran estar allí para las personas que les importan. Desafortunadamente, tienden a sentirse en conflicto entre confiar y desconfiar de los demás. A menudo rebotan entre el escepticismo y la certeza con una tendencia a dudar de sí mismos y cuestionar a los demás.

Son personas muy sobrias y toman la resolución de problemas bastante en serio, a un punto en que se convierte en una carga para ellos. La preocupación y la ansiedad son emociones predominantes para un seis. Este tipo de tranquilidad es siempre deficiente y, por lo general, luchan contra una profunda sensación de inseguridad. Si necesitas una idea de las celebridades que podrían clasificarse como individuos del tipo seis, piensa en Ellen DeGeneres, Tom Hanks y Richard Nixon.

Algunas de las cualidades de carácter asociadas a alguien de tipo seis incluyen la confiabilidad, responsabilidad, compromiso, lealtad, y ser fidedigno.

Los seis también caen en el 'Centro de Pensamiento', haciendo que el miedo (que a menudo aparece como preocupación y ansiedad) sea el tema emocional más dominante a tener en cuenta.

Cuando un tipo seis personalmente no hace una revisión de su miedo, tiende a sospechar mucho de todo.

Los niveles de estrés son siempre altos para un seis y la preocupación parece ser un compañero constante, ya que su perspectiva de la vida es a menudo bastante negativa. Se detendrán más en lo negativo que en lo positivo ante cualquier situación dada.

Si eres un tipo seis, entonces tiendes a prestar mucha atención a las personas y los problemas. Eres realmente bueno para anticipar problemas y creando soluciones, y tiendes a que no te guste la ambigüedad en los demás. Pero es posible que te haya dado cuenta que puede volverte muy pesimista, dudoso e incluso proyectas algunos de tus miedos en otras personas. A veces te gusta jugar al abogado del diablo. A medida que creces, es cada vez más importante superar la desconexión de la mente y el cuerpo, y aunque seas cauteloso (tal vez incluso fóbico), también demuestras mucho valor mientras intentas avanzar incluso cuando el miedo te afecta.

Como auto-mejorar:

Encuentra maneras de lidiar con los efectos paralizantes del miedo en tu vida y mejora al enfrentarlo directamente. Pide ayuda y apoyo a un experto o a algún amigo de confianza.

Aprende a tomar las cosas con un corazón ligero.

Reconéctate más con tu cuerpo y tus sentimientos, y crea un espacio seguro desde donde hacer esto para que tus procesos mentales puedan relajarse y ayudarte en este nuevo experimento. Cuanto más cómodo y seguro te sientas mentalmente, más rápida y agradable será la conexión mente-cuerpo.

Tus Alas

El Ala Cinco:

Regalos:

Algunos de los regalos que esta ala aporta al tipo escéptico y leal incluyen, entre otros, los siguientes.

- Esta ala te ayuda a tomar decisiones más razonables y sensatas. También te hace de mente abierta y capaz de asimilar múltiples perspectivas.
- También experimentarás un sentido más profundo de confianza interna y en ti mismo

como observador y autoridad en tu enfoque de interés. Esto ayuda a erradicar esa necesidad de buscar la validación de otros.

Desafíos:

Algunos de los desafíos que esta ala trae al tipo escéptico y leal incluyen, entre otros, los siguientes.

- Esta ala puede amplificar tus temores y ansiedad, o cualquier sensación de insuficiencia que puedas tener.
- Puedes notar una tendencia a estar demasiado atascado en tu cabeza, y una alineación insuficiente con tus sentimientos.

El Ala Siete:

Regalos:

Algunos de los regalos que esta ala aporta al tipo escéptico y leal incluyen, entre otros, los siguientes.

- El regalo de recibir esta ala es que te vuelves más optimista. Empiezas a ver mejor y te vuelves menos propenso a imaginar lo peor de las personas y del mundo en general.
- Puedes notar un cambio dentro y fuera de

cómo te acercas a los demás, qué tan
juguetón, alegre y entusiasta te sientes.
Incluso es posible tomar conciencia y hasta
reírte de tus propios miedos al detectarlos.

Desafíos:

Algunos de los desafíos que esta ala trae al tipo
escéptico y leal incluyen, entre otros, los siguientes.

- La tendencia común de sentir miedo y de
  evitar el dolor a toda costa será amplificada
  por esta a la. Esto podría llevarte a buscar
  todo tipo de distracciones no saludables, o
  retirarte aún más de la vida.
- Puedes comenzar a evitar enfrentar
  problemas que requieren tu atención y
  buscar una escapatoria en su lugar.

Tipo Siete: El Soñador también conocido como el Entusiasta

El soñador es espontáneo, un verdadero buscador de
placer y le encanta vivir la vida al máximo.

Divertirse es la principal prioridad de este tipo de
personalidad, y siempre están buscando atrapar la
próxima aventura emocionante que está a la vuelta

de la esquina. También llamados entusiastas o epicúreos, los de tipo siete son individuos que se basan en la mente, son pensadores visionarios y no soportan estar limitados a hacer solo una cosa. Creen en posibilidades ilimitadas, y muestran su variedad de pasiones e intereses. Piensa en individuos como Steve Jobs, Robert Downey Jr., George Clooney y Elton John. Creemos que definitivamente caerían en este tipo de personalidad.

Algunas de las principales cualidades atribuidas a aquellos de este tipo de personalidad incluyen el entusiasmo, la espontaneidad, el ingenioso, aventurero, optimista, divertido y emocionante.

Algunos de tipo sietes son extrovertidos, aunque no todos y, en general, son excelentes comunicadores. Desafortunadamente, son del tipo mental, y forman parte del "Centro de Pensamiento", lo que hace que el tema emocional dominante del miedo sea su obstáculo más importante para superar. Y aparece para un tipo siete en forma de evitar el dolor.

Como un buscador de placer, un tipo siete hará cualquier cosa para evitar el dolor y, a veces, busca distracciones que se convierten en una indulgencia excesiva. Pero racionalizan y justifican esta tendencia a la baja solo para evitar el sufrimiento.

Además, dado que siguen cambiando a la próxima gran cosa con tanta frecuencia, los sietes tienden a estar muy dispersos, lo que les dificulta sumergirse profundamente en una sola idea o mantener el rumbo en las relaciones y en el trabajo. Una verdadera devoción es difícil para un siete porque él o ella es un creyente hacia una "próxima gran emoción" futurista que hace que sea difícil reducir su visión y centrarse de todo corazón en una cosa.

Por lo general, se los conoce como "grandes habladores" y son propensos a la adicción y la sobre estimulación, que, según el tipo de cuerpo, puede ser a través del abuso de sustancias, juegos de azar, compras, búsqueda de aventuras u otras adicciones.

Si eres una persona de tipo siete, entonces eres muy ingenioso y te gusta pensar rápido y cambiar las cosas cuando sea necesario. La multitarea es fácil para ti y odias la sensación de constricción.

La diversión tiene que estar en todo lo que haces porque es quien eres. Definitivamente eres un ser humano de múltiples pasiones, por lo que la idea comúnmente predicada de encontrar tu "única cosa" no tiene sentido para ti. Te encanta aprender cosas nuevas y abordar la vida con un optimismo que otros admiran genuinamente.

Sin embargo, realmente no te importa "mantener el prestigio" o impresionar a la gente. Solo te importa hacer lo tuyo y tener un momento épico mientras lo haces. Puedes recuperarse de las emociones y situaciones negativas muy rápidamente. En el fondo, sin embargo, te has dado cuenta de que no puedes soportar la experiencia del dolor y te asusta. Los estados mentales negativos, la depresión y el sufrimiento, ya sea propio o ajeno, son insoportables. La introspección no es algo que disfrutes, y atraviesas ciclos de ansiedad y desesperación que te llevan a buscar remedios a toda costa.

Como auto-mejorar:

Crea una estructura de apoyo segura que te permita enfrentar tu dolor, pérdida, privación o cualquier otro sufrimiento que hayas estado evitando. Aprende a abrazar y a reconectarte con tu mundo interior.

Estate más presente en el momento y encuentra tu paz mental y tranquilidad sin el uso de estimulantes. No digo que vaya a ser fácil, pero puedes hacerlo.

Con tu nivel de inteligencia, ingenio, creatividad, fuerza natural y optimismo, puede obtener la verdadera libertad y disfrutar de ser el ser humano expansivo y aventurero que estabas destinado a ser mientras sin dejar de permanecer enraizado en tu verdadero ser.

Tus Alas

El Ala Seis:

Regalos:

Algunos de los regalos que esta ala trae al entusiasta incluyen, entre otros, los siguientes.

- Esta ala trae consigo la capacidad de estar más enraizado y presente como un siete, lo que te hace trabajar y conectarte con los demás de una manera más consciente y alerta.
- También experimentarás un nuevo sentido de compromiso hacia el curso de acción elegido, lo que te permitirá explorar las cosas a mayor profundidad. Crea una sensación de seriedad y asienta tu deseo de libertad ilimitada.

Desafíos:

Algunos de los desafíos que esta ala podría traer al entusiasta incluyen, entre otros, los siguientes.

- Un mayor sentido del deber podría comenzar a sentirse potencialmente como una carga.
- Tus temores subyacentes pueden parecer amplificados, la duda puede aumentar, y podrías terminar sintiéndote culpable cuando actúas de manera irresponsable o sin preocupaciones.

El Ala Ocho:

Regalos:

Algunos de los regalos que esta ala trae al entusiasta incluyen, entre otros, los siguientes.

- Al inclinarte más para acceder a las cualidades de esta ala, te volverás más asertivo y volverás a tu poder real de una manera más sólida.
- Desarrollarás resistencia y, al hacerlo, tendrás menos miedo de lastimarte.

Desafíos:

Algunos de los desafíos que esta ala trae al entusiasta incluyen, entre otros, los siguientes.

- El impulso insaciable que a menudo se lleva como una característica común de esta ala puede no funcionar demasiado bien para ti. Si tus deseos egoístas se combinan con una necesidad de satisfacción inmediata, entonces podrías correr el riesgo de ir demasiado lejos a fin de obtener placer y ganancia. Incluso si eso significa aprovecharte de los demás para obtener lo que quieres.
- Podrías ser más absorto de ti mismo y menospreciar a los demás, llegándolos a tratar con aires de superioridad.

Tipo Ocho: El Retador también conocido como el Líder

La mejor declaración para resumir este tipo de personalidad es "Soy el maestro de mi destino. Soy el capitán de mi alma". De hecho, este tipo de personalidad cree en tomar el control total de sus vidas y ser percibido como el líder y protector poderoso y activo. La justicia, la equidad y la independencia son de gran valor para un tipo ocho. Si se les hace daño, lucharán con venganza.

Los de tipo ocho están basados en el cuerpo que les

da un apetito físico fuerte e instintos poderosos. Son audaces, activos en la toma de decisiones, les encanta ser independientes y son personas muy intensas. Una persona tipificada como un ocho generalmente deseará una gran vida, y él o ella estarán listos y dispuestos a salir y luchar por ese deseo. En nuestro mundo moderno, individuos como Donald Trump, Denzel Washington probablemente caerían en este tipo de personalidad. Es probable que Napoleón Bonaparte, Julio César, y Winston Churchill también se cataloguen como ochos.

Algunas de las cualidades atribuidas a un tipo ocho incluyen, autoconfianza, valor, obstinación, decisión, poder, audacia, generosidad y dominación.

Los de tipo ocho pueden ser difíciles de lidiar a veces, especialmente si sus personalidades se desarrollan de manera poco saludable. Están agrupados en el 'Centro Instintivo', lo que hace que su emoción a tener en cuenta sea el enojo. Los de tipo ocho realmente saben cómo enojarse. Son muy rápidos para enojarse cuando no se salen con la suya, o las cosas salen mal. Y en el caso de no checar su enojo o sus rasgos de personalidad poco saludables, ese enojo puede convertirse rápidamente en ira y en violencia física.

Producen mucha energía, lo que les permite abordar los desafíos con la actitud mental y física correcta. Lo único que un ocho no puede soportar es un sentimiento de debilidad. La vulnerabilidad (basada en cómo la sociedad lo define) también es algo que un tipo ocho evitaría y eso hace que tener una relación profunda e íntima con el tipo ocho sea difícil.

Incluso en sus relaciones íntimas todavía necesitan sentirse en control y poderosos. Cuando se trata de proteger a su familia, amigos y personas bajo su cuidado, los ochos son agresivos. Irán hasta los confines de la tierra y harán lo que sea necesario para cumplir la misión.

Si eres una personalidad tipo ocho, entonces habrás notado una tendencia dentro de ti a ser excesivo. Algunos te llaman mandón, aunque no entiendes por qué. Lo ves como ser alguien firme, enfocado, claro, asertivo y llevar a otros a la victoria.

La ociosidad, la debilidad, la timidez son todas las cosas que no puedes soportar en ti mismo y en los demás, y prefieres cuando las personas son directas y seguras cuando te hablan. Cuando eres provocado, puedes indignarte, y tiendes a tener una actitud vengativa hacia las personas. Pero siempre mantienes una mente abierta; una mentalidad positiva y tienes una gran cantidad de energía para compartir con el mundo. Ser controlado por cualquier organización, persona o sistema es simplemente inaceptable para ti, y prefieres determinar tus propios altos estándares y ejecutarlos para obtenerlos.

Como auto-mejorar:

Tienes mucha energía Probablemente el más enérgico de los nueve tipos, lo que significa que necesitas dirigir esa energía de manera constructiva. Incorpora un poco de autocontrol en tu vida y no permitas que la ira y la agresión sigan siendo tu reacción automática solo porque es un hábito cómodo.

Redefine lo que significa la vulnerabilidad para ti y aprende a recibir amor y afecto. Si necesitas ayuda y apoyo personal, solicita ayuda de alguien de confianza o contrata a un experto. Esta no es una forma de debilidad. No te quedes atrapado en esa falsa creencia. El mejorarse es una forma de fortaleza y te permite convertirte en un mejor líder y protector.

Tus Alas

El Ala Siete:

Regalos:

Algunos de los regalos que esta ala aporta al controlador activo incluyen, entre otros, los siguientes.

- Aprovechar los regalos de esta ala te calmará, aumentará tu felicidad y te ayudará a moverte por la vida con más entusiasmo. Te da un corazón ligero y disuelve parte de esa crueldad que a menudo gobierna tu vida.
- En lugar de ser un lobo solitario tratando de hacerlo todo por tu cuenta, comenzarás a valorar el conectarte con otras personas, intercambiar ideas, expresar tus pensamientos y representar tus fantasías de una manera más armoniosa.

Desafíos:

Algunos de los desafíos que esta ala podría traer al tipo de controlador activo incluyen, entre otros, los siguientes:

- La influencia que esta ala pueda tener en ti podría hacerte propenso a las adicciones y a la indulgencia excesiva.
- También puede volverte demasiado absorto

en ti mismo, imprudente y menos reflexivo sobre las consecuencias de tus acciones.

El Ala Nueve:

Regalos:

Algunos de los regalos que esta ala aporta al tipo de controlador activo incluyen, entre otros, los siguientes.

- Uno de los principales regalos que esta ala podría aportar a tu tendencia central de personalidad de ser impulsivo y autónomo es un renovado sentido de unidad, equilibrio y estar un poco más relajado sobre las cosas.
- Te volverás más tranquilo, receptivo a los demás y, en lugar de forzar las cosas para que sucedan, te sentirás más tranquilo con solo dejar que las cosas se desarrollen naturalmente.

Desafíos:

Algunos de los desafíos que esta ala trae al tipo de controlador activo incluyen, entre otros, los siguientes:

- La influencia del ala nueve podría llevar a una acumulación de tensión ante una mayor necesidad de retirarse de las personas y las tareas, pero luego sentirte culpable y juzgarte a ti mismo por hacerlo.
- Podrías caer en la trampa de trabajar demasiado hasta el punto de sacrificarte y descuidarte de forma poco saludable.

Tipo Nueve: El Pacificador también conocido como el Diplomático

La personalidad tipo nueve generalmente se le conoce como "ir con la corriente" en la vida. Valoran la armonía, la paz y el equilibrio por encima de todo lo demás y hacen todo lo posible para evitar conflictos y rivalidades. Individuos como el Dalai Lama, la Reina Isabel II, Abraham Lincoln, y Grace Kelly son excelentes ejemplos de personas de este tipo de personalidad.

Algunas de las cualidades esenciales asociadas con este tipo de personalidad incluyen tolerancia, robustez, confiabilidad, firmeza, calma y buena voluntad.

Los nueves son tipos basados en el cuerpo que les encanta llevarse bien con todos y son bastante impresionantes por su naturaleza amable y cálida.

Los nueves tienen una alta tolerancia y, por lo general, adoptan un enfoque optimista para cada situación. Les gusta ver lo mejor en los demás y tienen una fuerte fe en que las cosas siempre funcionarán de la mejor manera. Creen en un universo amigable y quieren mantener una mente y un corazón abiertos tanto como sea posible.

Están agrupados en el 'Centro Instintivo' haciendo de la ira su tema emocional dominante a tener en cuenta. Toda esa calma puede convertirse en algo oscuro y poco saludable si no se controla. Y ocurre principalmente en la forma de emociones reprimidas y negadas.

Debido al deseo inherente de ser un pacificador en el mundo, un nueve generalmente niega las emociones amenazantes de ira que surgen de vez en cuando. Están fuera de contacto con sus impulsos instintivos y emociones dominantes dentro de este grupo. La necesidad de evitar el conflicto a toda costa (incluyendo el conflicto interno) hace que pasen por alto sus sentimientos ocultos desagradables. Un nueve también es propenso a la inacción y la dilación, especialmente cuando él o ella siente emociones desagradables.

Si eres una personalidad tipo nueve, entonces

valoras conectarte profundamente con el mundo y aquellos que te importan. Tiendes a adoptar un enfoque conservador hacia el cambio y, a veces, luchas con la falta de motivación. Estar en la naturaleza te da la sensación más satisfactoria; es donde más te sientes en casa.

La gente te considera cálido, cariñoso, confiable y atento. Sin embargo, esta tendencia al auto-sacrificio conlleva algunas desventajas significativas que no te gusta enfrentar, ya que provoca molestias. Puedes notar que las personas comienzan a darte por sentado o subestimar todo lo que haces por ellos, y puede ser muy desalentador. Tienes una tendencia a "olvidarte de ti mismo", ya que te fusionas fácilmente con otros, lo que hace que sea muy difícil crear límites personales.

Como auto-mejorar:

Desafíate a tomar más riesgos en la vida. Crea un espacio seguro en tu vida donde puedas entrenarte para integrar la armonía y el conflicto, para que puedas dejar de evitarlos todo el tiempo.

Presta más atención a tus propias necesidades y aprende a establecer límites claros. Vuelve a conectarte con tus emociones y abraza la incomodidad del conflicto o la ira que aparece dentro de ti para que puedas enfrentarla con valentía. Busca liberar en lugar de suprimir las emociones negativas que aparecen. Date tiempo y espacio para procesar todos tus sentimientos.

Se más estructurado y estratégico con tus principales prioridades. Si organizarse es un problema, pide ayuda o adquiere una de las varias herramientas modernas para ayudarte a priorizar mejor las actividades día a día.

Tus Alas

El Ala Ocho:

Regalos:

Algunos de los regalos que esta ala aporta al pacificador y el que se adapta incluyen, entre otros, los siguientes.

- La influencia positiva que esta ala trae a tu personalidad central, como pacificador es que estarás más en contacto con tu poder, independencia y autoridad.
- Te volverás más audaz, confiado, influyente y capaz de hablar y expresar tu verdad.

Desafíos:

Algunos de los desafíos que esta ala trae al pacificador adaptativo incluyen, entre otros, los siguientes:

- Hay una tendencia a desviarte de tu camino correcto cuando estás bajo la influencia de esta ala y puedes buscar placer en lugar de deseos genuinos y las necesidades de tu ser real.
- También puede experimentar mucha agresión explosiva, rebeldía e ira, especialmente si ha habido problemas no resueltos con la autoridad en el pasado.

El Ala Uno:

Regalos:

Algunos de los regalos que esta ala aporta al pacificador y al que se adapta incluyen, entre otros, los siguientes.

- Tu enfoque relajado y sencillo se actualizará una vez que accedas a este ala. Te ayudará a crear una estructura alrededor de tu vida y actividades. Desarrollarás una perspectiva más centrada y llevarás una vida basada en principios.

- Te sentirás lo suficientemente fortalecido como para involucrarte más activamente en cambiar las cosas que van mal en lugar de aceptar la disfunción como la forma de vida estándar. Estarás más orientado a la acción, pero vendrá de un lugar de propósito y certeza.

Desafíos:

Algunos de los desafíos que esta ala trae al pacificador y al que se adapta incluyen, entre otros, los siguientes:

- La creciente necesidad de hacer lo correcto y hacer que el mundo sea perfecto puede conducir a una mayor dilación y distracción. El miedo a no hacerlo bien podría convertirse en un gran obstáculo.
- Puedes quedar atrapado en la trampa de hacer lo que "deberías hacer" o lo que se espera de ti en lugar de hacer lo que realmente quieres hacer.

SECCIÓN III. INSTINTOS, SUBTIPOS Y VARIANTES DENTRO DEL ENEAGRAMA DE LA PERSONALIDAD

7

PROFUNDIZANDO MAS SOBRE QUIÉN ERES EN REALIDAD

*A*l igual que los animales, nosotros como seres humanos tenemos instintos naturales conectados biológicamente que nos ayudan a navegar por la vida. Nuestra evolución nos ha obligado a desarrollar estrategias que nos permitan sobrevivir y extender el reinado de nuestra especie. Lo que hace el Eneagrama de la personalidad es facilitar una mejor comprensión de las estrategias instintivas que hemos desarrollado como seres humanos, y nos muestra las diversas formas en que está afectando nuestro comportamiento. Esto es más que solo conocer tu tipo de personalidad; se trata de tirar de la cortina de las influencias que te llevan a comportarte como lo haces.

Los maestros del Eneagrama tienen tres instintos

humanos básicos, y de estos tres, vemos una disección detallada de cómo estos instintos interactúan y se combinan con los nueve tipos de personalidad para formar lo que algunos maestros generalmente denominan los 27 subtipos. Estos son:

- Instinto de auto conservación.
- Instinto social.
- Instinto sexual.

Los tres instintos están dentro de nosotros y están detrás de nuestras estrategias de vida, que a menudo nos gobiernan inconscientemente. Si bien estos tres están siempre presentes, uno tiende a ser más dominante, y tendemos a las prioridades y desarrollamos ese impulso particular, mientras que los otros tienden a ser menos dominantes. Y debido a que no consideramos prioritario mejorar al menos dominante, tiende a convertirse en nuestro punto ciego.

Piensa en estos tres instintos como lo harías con las capas de un pastel. En la parte superior tenemos el más controlador, en el medio, tenemos el segundo que sostiene al predominante, y en la parte inferior, tenemos el instinto menos desarrollado.

De nuevo, encontramos algunos conflictos, incluso

aquí, con algunas escuelas que afirman que no deberían denominarse subtipos, mientras que otras enseñan que en realidad son subtipos del sistema de los nueve puntos. De cualquier manera, la etiqueta no nos importa. Solo nos preocupamos en cómo esto puede ayudarnos a comprender mejor quiénes somos y por qué nos comportamos como lo hacemos. El instinto primario con el que nos identificamos, combinado con nuestro tipo de personalidad según el Eneagrama, nos ayuda a darle forma a nuestro camino en la vida y las elecciones que hacemos.

Dado que ese es nuestro enfoque principal, nos sumergiremos en cada una de las veintisiete combinaciones después de una breve comprensión de lo que implica cada instinto.

Instinto de auto conservación:

La necesidad de preservar nuestro cuerpo y su fuerza vital. Mantenerse alejado de las amenazas. Esto incluye nuestras necesidades humanas básicas de alimentación, vivienda, ropa, calidez y relaciones familiares.

Este instinto está muy centrado en el bienestar físico, la seguridad, la seguridad material y la comodidad diaria. Siempre que nuestras necesidades básicas se sientan amenazadas por el medio ambiente, podemos recurrir al acaparamiento de recursos y energía para conservar lo que tenemos como resultado de la amenaza externa. Podemos considerar esto como los instintos primarios básicos que todas las criaturas poseen también. El impulso de sobrevivir y mantenernos a nosotros mismos.

Instinto Social:

Este instinto Social también se le conoce como instinto "adaptativo".

Es la necesidad de llevarse bien con los demás y formar lazos sociales seguros. Se trata de crear un sentido de pertenencia a tu alrededor.

Estamos viendo esto mucho en las redes sociales el día de hoy con membresías y comunidades apareciendo donde personas de ideas afines (que sienten la necesidad de pertenecer) se reúnen. Se trata de enfocar la energía en trabajar hacia propósitos compartidos, o para el bien común.

Este instinto tiene mucho que ver con ser parte de algo que resuena contigo donde te sientes seguro, escuchado y valorado dentro de ese grupo y comunidad.

Instinto Sexual:

El instinto Sexual también se llama instinto de "atracción".

Es la necesidad universal de procrear y transmitir nuestros genes para continuar la raza humana generación tras generación. Gobierna nuestra sexualidad, intimidad y las amistades cercanas que atesoramos.

Este instinto también se trata de dirigir la vitalidad de la fuerza vital dentro de nuestros cuerpos. Se centra en la intensidad y la pasión contenida en las experiencias y las relaciones uno a uno, lo que nos hace buscar oportunidades que prometen fuertes alianzas, sinergias y conexiones profundas.

Este instinto a menudo se limita a la intimidad sexual, pero está destinado a ser mucho más que eso. Definitivamente se trata de proyectarse en el entorno y experimentar relaciones íntimas que sean placenteras y extiendan tu ADN, pero también puede tratarse de transmitir ideas que te ayuden a crear un legado que continúe mucho más allá de tu alcance físico.

Cuando superponemos estos tres instintos de comportamiento humano con todo lo que hemos discutido hasta ahora, el resultado final es una combinación de veintisiete subtipos que te ayudan a relacionarte con tu personalidad. El conjunto de combinaciones que se incluye en nuestro tipo de personalidad más dominante nos ayuda a conectarnos con las complejidades de nuestro comportamiento y preferencias cotidianas.

"Estos instintos se relacionan con la inteligencia instintiva fundamental que se desarrolla dentro de cada uno de nosotros para garantizar nuestra supervivencia como individuos y como especie humana.

Los avances recientes en la investigación en neurociencia han confirmado la forma fuerte y a menudo invisible de estos instintos en la sociedad moderna, por ejemplo, cómo una amenaza percibida para el estatus sociall puede desencadenar una reacción primaria de lucha o huida ".

(27 subtipos integrativos de 9 soluciones de Eneagrama -https: //www.integrative9.com/enneagram/27-subtypes/)

Instinto de Auto conservación	Instinto Social	Instinto Sexual
La necesidad de preservar nuestro cuerpo y su fuerza vital. Mantenerse alejado de las amenazas. Esto incluye nuestras necesidades humanas básicas de alimentación, vivienda, ropa, calidez y relaciones familiares.	La necesidad de llevarnos con otros y formar lazos sociales seguros. Se trata de crear un sentido de pertenencia	La necesidad universal de procrearse y de mantener a la raza humana de generación en generación. Gobierna nuestra sexualidad, intimidad, y las amistades cercanas que atesoramos, además de nuestro legado.
Tipo 1: El Perfeccionista / Reformador	**Tipo 1: El Perfeccionista / Reformador**	**Tipo 1: El Perfeccionista/ Reformador**
*Ansiedad	*No-adaptable	*Celos
Tipo 2: El Dador / Ayudador	**Tipo 2: El Dador / Ayudador**	**Tipo 2: El Dador / Ayudador**
*Privilegio	*Ambición	*Seducción o Agresión
Tipo 3: El Triunfador / Eje-Cutante	**Tipo 3: El Triunfador / Ejecutante**	**Tipo 3: El Triunfador / Eje-cutante**
*Seguridad	*Prestigio	*Carisma
Tipo 4: El Romántico / Individualista	**Tipo 4: El Romántico / Individualista**	**Tipo 4: El Romántico/ Individualista**
*Audacia	*Vergüenza	*Competencia
Tipo 5: El Observador / Investigador	**Tipo 5: El Observador / Investigador**	**Tipo 5: El Observador / Investigador**
*Castillo	*Símbolos	*Confidente
Tipo 6: El Leal / Dudoso	**Tipo 6: El Leal/ Dudoso**	**Tipo 6: El Leal/ Dudoso**
*Calidez	*Deber	*Guerrero
Tipo 7: El Entusiasta / Soñador	**Tipo 7: El Entusiasta / Soñador**	**Tipo 7: El Entusiasta / Soñador**
*Red de personas	*Sacrificio	*Fascinación
Tipo 8: El Retador / Líder	**Tipo 8: El Retador / Líder**	**Tipo 8: El Retador / Líder**
*Supervivencia	*Amistad	*Posesividad
Tipo 9: El Pacificador / Diplomático	**Tipo 9: El Pacificador / Diplomático**	**Tipo 9: El Pacificador / Diplomático**
*Buen Apetito	*Participación	*Fusión

El impulso fundamental del individuo se proyectará como Ansiedad.

Este es el perfeccionista que constantemente se preocupa y busca controlar todo. Su ansiedad les hace tratar de anticipar riesgos constantemente, y les gusta estar muy preparados para todo. La atención al detalle es probablemente un eufemismo para ellos. Suelen ser muy duros con ellos mismos y se toman las cosas con bastante seriedad.

Este subtipo prefiere evitar expresar enojo incluso si lo sienten y, a menudo, experimentarán y demostrarán una gran frustración cuando son interrumpidos. El subtipo de tipo uno tiene una crítica interna muy fuerte y tiende a amplificar su preocupación y ansiedad.

- Instinto social:

El impulso fundamental del individuo en asunto se proyectará como No- adaptabilidad.

La equidad y hacer las cosas bien motivan este subtipo. Son pensadores sistemáticos, establecen altos estándares para sí mismos y para los demás y les gusta ser un ejemplo de integridad y conducta basada en principios.

Practican mucho el autocontrol y pueden ser bastante amigables mientras estén en su propia zona de confort. Porque son tan lineales y ven todo en blanco y negro; bien o mal, puede ser difícil adaptarse a un nuevo entorno o situación. También pueden volverse muy resentidos y críticos con aquellos que no se ajustan a su idea de lo correcto.

- Instinto sexual:

El impulso fundamental del individuo en asunto se proyectará como Celos.

Este subtipo será altamente cargado, apasionado y mantendrá altos estándares de autocontrol. Tienen una visión idealista de cómo deberían de ser las cosas y tienden a querer reformar a los demás y hacer que encajen en "lo correcto".

La ira y el enojo serán expresadas directamente por aquellos que caen en este subtipo, principalmente si sus esfuerzos por mejorar a los demás están restringidos. También priorizan mantener la atención de su pareja y, por lo general, se ponen muy celosos de su pareja, o cuando tratan con otro que parecen estar mejor.

1. **Tipo de Personalidad Dos: El Dador también conocido como el Ayudador**

- Instinto de auto conservación:

El impulso fundamental del individuo en asunto se proyectará como Privilegio.

Este tipo dos se siente privilegiado y único de alguna manera porque él o ella invierten mucho en la creación de relaciones cálidas y enriquecedoras. Pasan mucho tiempo cuidando y apoyando a otros. Como tal, existe una tendencia a convertirse en autoritario e incluso a desarrollar una actitud orgullosa que exige privilegios especiales y aprobación como resultado del cuidado.

Son "lindos" con un espíritu infantil muy activado. A este tipo dos le gusta que lo cuiden, pero no le gustan demasiado los compromisos a largo plazo. El miedo al rechazo es un gran problema para este subtipo, y pueden experimentar mucho dolor y abandono cuando no se satisfacen sus necesidades.

- Instinto social:

El impulso fundamental del individuo en asunto se proyectará como Ambición.

Formar las alianzas correctas y tener grandes aliados es esencial para este subtipo porque les gusta construir su autoestima a través de logros visibles y aprobación social.

Este tipo dos utilizará sus poderes de seducción de manera más intelectual para sintonizarse con las necesidades de los demás y crear un papel central y casi indispensable dentro de la organización, comunidad o sistema más amplio. Les gusta destacar entre la multitud y disfrutar de asumir roles de liderazgo. Disfrutan de "ser encendidos" y desarrollan su influencia en función de las conexiones que forman, así como de sus competencias.

Aquellos en este subtipo no demuestran activamente un espíritu infantil (al menos no tanto como los otros de tipo dos) y tienden a tener una estrategia de dar más de lo que reciben. Buscar reconocimiento a través de la ambición es más pronunciado en este tipo de personalidad dos.

- Instinto sexual:

El impulso fundamental del individuo en asunto se proyectará como Seducción y/o Agresión.

Este tipo dos enfocará todas sus energías y habilidades seductoras para formar y nutrir relaciones poderosas e íntimas.

Este tipo de persona es apasionada, resistente, de carácter fuerte y, a veces, puede considerarse salvaje de corazón. Son muy devotos en sus relaciones personales, y no les gusta aceptar un no por respuesta.

Este tipo dos usa la seducción, que puede llegar a convertirse en agresión si se le presiona, para obtener la atención y el reconocimiento deseados.

Aunque les gusta usar el lenguaje corporal y los tonos de sentimientos puedan parecer seductores, no necesariamente implica deseo sexual.

1. **El Triunfador también conocido como el Ejecutante.**

- Instinto de auto conservación:

El impulso fundamental del individuo en asunto se proyectará como Seguridad.

Esta variación de tipo tres está muy centrada en el logro y la creación de éxito material para sí mismo. Este tipo de persona evita ser visto como alguien orientado a la imagen, y no le gusta anunciar abiertamente sus puntos fuertes. Pero tener éxito y obtener reconocimiento por su arduo trabajo sigue siendo muy importante para ellos. El éxito financiero y la creación de una sensación de seguridad a su alrededor es una gran prioridad para este subtipo.

Trabajan muy duro y les gusta mantener altos estándares y la imagen correcta del éxito. Este subtipo tres tiene una gran cantidad de energía y tiende a lograr mucho.

El verdadero peligro para ellos es el hecho de que al perseguir todo ese éxito, a menudo pierden el contacto con su "yo" auténtico y son propensos a crear identidades falsas y valorarse a sí mismos en función de su rol laboral o estatus social.

- Instinto social:

El impulso fundamental del individuo en asunto se proyectará como Prestigio.

Esta variación de tipo tres está más interesada en ser validada y en recibir mucha aprobación social. Anhelan el poder, trabajan duro para "conocer a las personas adecuadas" y se centran mucho en obtener poderosos puestos de liderazgo en el gobierno o en los negocios.

El prestigio, los elogios y la influencia es lo que este subtipo buscará más, y él o ella generalmente se entrenarán para ajustarse a las normas y requisitos sociales de los equipos u organizaciones si les ayuda a ganar influencia y poder. Son altamente competitivos y les encanta estar en el centro de atención.

Este subtipo en particular no tendrá problemas para fomentar con confianza sus ideas y logros. A diferencia del primer tipo tres que preferiría no anunciar sus logros y éxitos, este subtipo realmente llegaría al extremo para dar a conocer los suyos. Y para encubrir cualquier cosa que no se alinee con esa "imagen de éxito perfecto".

- Instinto sexual:

El impulso fundamental del individuo en asunto se proyectará como Carisma.

El poder personal y la identificación de género, así como todos los problemas que surgen de eso, impulsan principalmente esta variación de tipo tres. La masculinidad y la feminidad les importan mucho. Tener la vida de una "estrella de cine", lo que significa tener esa imagen exterior perfecta es lo que sacude su mundo. También son muy entusiastas y carismáticos, lo que los hace muy agradables.

Ser atractivo para los demás como hombre o mujer es súper importante. Pero también disfrutan de apoyar a otros en su éxito y, a menudo, poseen esa actitud entusiasta: "si tienes éxito, entonces yo tengo éxito".

El mayor desafío para este subtipo a pesar de seguir siendo muy competitivo, carismático y poderoso en el exterior, es que aquellos que caen en el camino poco saludable de su subtipo, a menudo luchan en silencio con sentimientos de confusión sobre su sexualidad. Puede ser difícil lidiar con tales conflictos, ya que se hace un gran esfuerzo para aparecer como un artista poderoso.

1. **El Romántico también conocido como el Individualista**

- Instinto de auto conservación:

El impulso fundamental del individuo en asunto se proyectará como Audacia.

Esta variación de tipo cuatro, aunque todavía es muy sensible e idealista, expresará menos sus emociones. En cierto sentido, podríamos decir que son el menos dramático de los tres subtipos. Pero eso no significa que no experimenten esas emociones tumultuosas, solo quieren ser vistos como individuos que no se quejan.

La verdad es que este tipo de persona simplemente se ha entrenado para vivir con sufrimiento y dolor. Saben cómo internalizar las emociones negativas y prefieren ser lo suficientemente fuertes como para lidiar con lo que venga. Los hace menos propensos a abrirse y compartir sus sentimientos con los demás en comparación con los otros subtipos, pero eso no significa que les falte empatía. De hecho, se esfuerzan mucho por alcanzar y apoyar a quienes sufren a su alrededor.

Este subtipo es muy creativo y ansía experimentar una vida auténtica, incluso si eso significa ser un poco imprudente a veces. No tendrán problemas para empacar y mudarse a un entorno completamente nuevo si su detonante hacia la auto conservación los hace sentir como si una experiencia auténtica estuviera en otro lugar.

El mayor desafío para esta variación de tipo de personalidad es la tensión que a menudo se crea entre el deseo de construir seguridad material en sus vidas y al mismo tiempo permanecer completamente separado de todo.

- Instinto social:

El impulso fundamental del individuo en asunto se proyectará como Vergüenza.

Este subtipo es profundamente emocional y está muy en sintonía con su propia sensación de sufrimiento. Una persona de este subtipo realmente encontrará consuelo en el sufrimiento y expresándolo a los demás. Esto tiende a generar atención, apoyo, y a veces, admiración de los demás.

A menudo se sienten inadecuados en situaciones sociales y fácilmente envidian el estatus social de otras personas, o cuando se encuentran con aquellos que parecen haber encontrado un lugar al que "pertenecen". Un sentido de pertenencia realmente los impulsa, y se esfuerzan por establecer un rol social aceptable donde puedan ser escuchados mientras comparten su verdad.

Este subtipo no es competitivo en lo absoluto, pero tienen un gran deseo de ser entendidos y vistos por quienes realmente son. Su mayor problema es poder superar la vergüenza social que a menudo experimentan, y debido a que constantemente dudan de sí mismos y luchan con sentimientos de inferioridad, siempre hay un conflicto interno oculto. Una persona de este subtipo notará que el o ella tienen la tendencia de culpar a los demás, compararse con los demás, y luchar constantemente con una profunda vergüenza y envidia.

- Instinto sexual:

El impulso fundamental del individuo en asunto se proyectará como Competencia.

Si el subtipo anterior puede calificarse de vergonzoso, entonces esta variación de la personalidad puede llamarse 'descarada'.

Este subtipo es muy ruidoso y vocal acerca de satisfacer sus necesidades. Expresan sus emociones y deseos con mucho vigor. Es lo que yo llamo el clásico rey o reina del drama. Son súper exigentes y altamente competitivos. Debido a que creen en evaluarse a sí mismos en función de cómo se relacionan con otras personas, la competencia es una gran motivación para este subtipo, y harán cualquier cosa para vencer a la competencia.

Desafortunadamente, esta competitividad proviene de un lugar de inseguridad profundamente arraigada y sentimientos de insuficiencia. Los bloqueos y problemas personales siempre resurgen para este subtipo porque su sentido de valor está directamente relacionado con la capacidad de vencer a aquellos que consideran fuertes y poderosos.

1. **El Observador también conocido como el Investigador**

- Instinto de auto conservación:

El impulso fundamental del individuo en asunto se proyectará como El Castillo.

Esta variante de la personalidad está impulsada por la necesidad de ser muy protector con el lugar al que llaman hogar. Su espacio personal y privacidad están prohibidos, y no tienen problemas para establecer límites claros para todos. Disfrutan de vivir una vida cómoda y relativamente solitaria con solo unos pocos amigos cercanos.

Una persona de este subtipo prefiere sentarse y observar la vida social que participar activamente en ella. Son muy cautelosos e independientes, y optan por cortar la intimidad para no bajar la guardia y perder esa sensación de privacidad y seguridad.

Es esencial para este subtipo tener un refugio seguro donde puedan retirarse y refugiarse del mundo. Y debido a que también les gusta el aislamiento, tener suficientes insumos siempre es una preocupación para ellos, lo que a menudo lleva a acaparar y vivir un estilo de vida minimalista.

Sin embargo, algunos subtipos van al otro extremo y eligen hacer su 'castillo' donde sea que estén y terminan viajando para siempre o moviéndose de un lugar a otro. Tienden a ser introvertidos, aunque no todos, y prefieren no revelar gran parte de su mundo interior.

- Instinto social:

El impulso fundamental del individuo en asunto se proyectará como Símbolos.

Esta variación del tipo de personalidad es brillante y hambrienta de más conocimiento. Su enfoque principal es buscar significado y respuestas a las preguntas más importantes de la vida. Toman poco o nada de placer en lidiar con trivialidades diarias. Su hambre de dominio y comprensión de símbolos y lenguajes sagrados los lleva por caminos que los seres humanos ordinarios raramente atraviesan.

A este subtipo le encanta conectarse e involucrar a otras mentes brillantes y expertos que compartan sus ideas y ansían un mayor conocimiento y sabiduría. Desafortunadamente, a menudo se atascan demasiado en el pensamiento crítico, el análisis y la interpretación, lo que causa un obstáculo en su capacidad de participar activamente con los demás.

Una persona de este subtipo tenderá a ser muy privada, solitaria y tranquila, no dispuesta a compartir su espacio personal o recursos internos, pero al mismo tiempo, cuando se les pide hablar sobre un tema que le apasiona, la misma persona puede animarse mucho, hablar prolongadamente y con gran entusiasmo. Es casi como si pudieran pasar de ser completamente introvertidos a ser extrovertidos energéticamente con solo presionar un botón.

- **Instinto Sexual:**

El impulso fundamental del personaje aquí se proyectará en forma de El Confidencial

Esta variación de tipo cinco es la que más se relaciona con la persona y la conexión. A ellos también les encanta mantener las cosas confidenciales, pero con esta ligera alteración. Un confidente del subtipo cinco se abrirá y compartirá información íntima sobre su mundo interior y su estado de ánimo en una relación privada uno a uno. Pero solo para unos pocos elegidos que primero se someten a una serie de pruebas de lealtad.

Este subtipo posee los rasgos de carácter más geniales y analíticos y, aunque sigue siendo súper reservado y callado, una vez que encuentran esa "química compartida" con otro, se abrirán y disfrutarán de la confianza y la conexión que tal relación les permite.

El principal desafío con el que lucha este subtipo es la tensión creada entre conectarse profundamente con otra persona y la necesidad de preservar la autonomía.

1. **El que Duda también conocido como el Escéptico Leal.**

- Instinto de auto conservación:

El impulso fundamental del personaje aquí se proyectará como Calidez

Esta variación de tipo seis es muy afectuosa y cálida. Pero el miedo, la ansiedad y la inseguridad son muy pronunciados en ellos. Intentan superarlo formando fuertes relaciones y lazos que los ayuden a sentirse seguros.

A menudo encontrarás que un evento de la infancia pudo haber creado una gran cantidad de dolor suprimido, lo que hace que tengan mucho miedo de asumir riesgos o cometer errores. Como resultado, este subtipo preferirá reprimir sus emociones negativas, especialmente la ira, porque lo ven como una forma mejor y más cautelosa de lidiar con tales sentimientos, especialmente si creen que podría poner en peligro la calidez en una relación que realmente necesitan.

A una persona de este subtipo no le gusta sentirse "excluida" y lucha por compartir abiertamente sus opiniones. Él o ella prefiere permanecer dentro de límites bien establecidos, y la toma de riesgos no es fácil.

- Instinto social:

El impulso fundamental del personaje aquí se proyectará como Un Sentido del Deber

Esta variación de personalidad tipo seis está muy centrada y preocupada por cumplir con el deber propio. La integridad, la imparcialidad y la responsabilidad son muy importantes para quienes pertenecen a este subtipo. Creen en defender al "pequeño individuo" y defender a los débiles.

Este subtipo es altamente racional y dedicado a su trabajo, y elige seguir las reglas y procedimientos establecidos en su entorno. Tienden a ser más blancos y negros, se conectan a los ideales sociales y disfrutan trabajar por una causa mayor.

Una persona de este subtipo está muy preocupada por conocer las reglas y asegurarse de que todos entiendan su rol, creando con demasiada frecuencia acuerdos claros con colegas y amigos para evitar confusiones o disputas innecesarias. El gran desafío es el miedo al rechazo que a menudo se acumula, y el profundo sentido de responsabilidad que conlleva su propio deber, que puede convertirse en un llamado o una carga para ellos, dependiendo de cómo desarrollen su personalidad.

- Instinto sexual:

El impulso fundamental del personaje aquí se proyectará como El Guerrero.

Esta variante particular del tipo de personalidad tiene dos estilos. El primer estilo se basa en superar la corriente subterránea del miedo a través de la fuerza de voluntad y las hazañas de fuerza física y valentía. También se puede ver en ganar poder intelectual.

El segundo estilo se ve creando belleza en su entorno. Canalizando su idealismo y perspicacia en la creación de la belleza con la esperanza de que les ayudará a sentirse más en control y estables.

Ambos estilos dentro de este subtipo indican una asertividad audaz, que a menudo pasa por intimidación. Una persona de este subtipo, sin duda, experimentará muchas dudas, miedo e inestabilidad, y a menudo intentará evitarlo o superarlo corriendo directamente hacia él, ya sea enfocándose en la fuerza o la belleza. Esta necesidad de seguridad y poder a menudo nubla su capacidad de conectarse con sus propias emociones y les hace luchar mucho con la vulnerabilidad.

1. **El Soñador también conocido como el Entusiasta**

- Instinto de auto conservación:

El impulso fundamental del personaje aquí se proyectará como Red de Personas.

Esta variante del tipo de personalidad le encanta tener cosas buenas en la vida y rodearse de relaciones ricas, belleza, conversaciones divertidas y entretenimiento.

Les encanta planificar proyectos o eventos divertidos, preparar comidas elaboradas, salir a cenar y compartir buenas ideas e incluso establecer contactos. Aunque están más interesados en la familia y los amigos, su enfoque enérgico y entusiasta de la vida y las personas los hace excelentes para fomentar una relación "familiar" que se extiende mucho más allá de los parientes consanguíneos. Lo que los motiva es asegurarse de que todos estén bien y tengan la mejor experiencia con ellos.

Una persona de este subtipo generalmente es muy buena para obtener lo que quiere y justificar o defender lo que quiere hacer. El mayor desafío es la tendencia a exagerar las cosas, volverse demasiado interesado o excederse de alguna manera, ya sea con comida, conversación, compras o estimulantes. –

Instinto social:

El impulso fundamental del personaje aquí se proyectará como El Sacrificio.

Este subtipo tiende a actuar contra el rasgo común de insaciabilidad exhibido por los otras personalidades de tipo siete. Son generosos y tienen un fuerte deseo de crear significado y hacer una diferencia en el mundo. Están dispuestos a sacrificar sus propias necesidades para satisfacer las necesidades del grupo, la familia, la organización o la persona que apoyan. Tienen una visión utópica de la vida, que generalmente les sirve realmente bien.

Sin embargo, existe una corriente subyacente de dependencia que se experimenta con este subtipo porque necesitan amigos y otras personas o proyectos grupales para expresarse y sentir que están haciendo algo significativo. En toda su naturaleza hacia el sacrificio, secretamente esperan ser reconocidos y apreciados por los sacrificios que hacen.

Una persona en este subtipo es muy generosa, visionaria en su pensamiento, se enfoca más en los demás y se siente atraída por cualquier cosa que tenga como objetivo cumplir una causa mayor. Su principal desafío es la tendencia a juzgar mucho a los demás y a sí mismos cada vez que perciben una sensación de egoísmo.

- Instinto sexual:

El impulso fundamental del personaje aquí se proyectará como Fascinación.

Aquí encontramos al soñador clásico e idealista. Esta variante de tipo de personalidad ve el mundo a través de filtros de color rosa. Él o ella se siente atraído instantáneamente hacia nuevas ideas, nuevas personas y posibles aventuras que caen inmediatamente en un estado de fascinación. Pero esta sugestibilidad funciona en ambos sentidos.

Este subtipo no solo se fascina fácilmente, sino que también es fascinante hacia los demás. Su encanto puede ser muy persuasivo e irresistible, lo que hace que esas personas sean excelentes en ventas y servicio al cliente.

Una persona en este subtipo ve lo bueno en todo y siempre es entusiasta y optimista. Él o ella siempre está conectado a la corriente de infinitas posibilidades.

El desafío principal es tener que lidiar con cosas que él o ella considera aburridas, monótonas, y predecibles. Las condiciones, las personas e incluso un mundo aburrido son totalmente inaceptables y se convierten en una fuente de frustración.

1. **El Retador también conocido como el Líder**

- Instinto de auto conservación:

El impulso fundamental del personaje aquí se proyectará como Supervivencia.

Esta variación de personalidad estará más orientada y centrada en la supervivencia y la protección de las personas bajo su cuidado. Más interesado en asegurar el éxito y la seguridad física y material. Estos subtipos ocho son agresivos y excesivos en sus inclinaciones.

Una actitud mental típica es "ganar o morir luchando". Este subtipo generalmente es vista como una personalidad muy poderosa, productiva y directa que nunca retrocede ante las situaciones solo porque las cosas se ponen difíciles. También protegen muy ferozmente a sus familiares y amigos y a menudo se les percibe como el pilar fuerte que mantiene unidas las cosas.

Una persona de este subtipo es confidente, segura, poderosa, directa y generalmente asumirá el papel de tutor, padre o figura materna. Él o ella está muy preocupado por protegerse a sí mismos, el espacio que los rodea y aquellos bajo su cuidado. La supervivencia es una preocupación importante en todo momento.

- Instinto social:

El impulso fundamental del personaje aquí se proyectará como Camaradería.

Esta variante de personalidad de tipo ocho todavía posee la misma agresión y exceso del tipo ocho, pero la canalizan de una manera diferente. Un sentido de injusticia e impotencia está activa dentro de los individuos que caen en este subtipo, que intentan resolver formando grupos o alianzas, a los que se vuelven muy devotos.

Se centran más en causas sociales y prefieren ser el líder del grupo o alianza, sirviendo a las personas para una misión superior. La injusticia o el abuso del poder realmente desencadenan sus sensibilidades, y sienten la necesidad de proteger a quienes están bajo su influencia contra tales cosas. Prefieren apoyar a otros en lugar de sustentar sus propias necesidades personales.

Una persona en este subtipo generalmente elegirá mediar su ira aprovechando esa energía para satisfacer las necesidades de los miembros de la comunidad a la que sirven. Él o ella también querrán ser el "escudo" que protege fielmente a su tribu ante alguna autoridad injusta o cualquier otro tipo de peligro.

- Instinto sexual:

El impulso fundamental del personaje aquí se proyectará como Posesividad.

Esta variante de tipo ocho exige control sobre los demás y le encanta poseer lo que sea que deseen. Les gusta ser rebeldes y no tienen miedo de romper las reglas. La impulsividad gobierna este subtipo, y por lo general son personas muy intensas siempre listas para interrumpir las cosas y provocar cambios. Nunca rehuirán a desafiar el estatus quo y tendrán la necesidad de impulsar el cambio, ganar poder e influencia sobre los demás.

Cuando se trata de intimidad, la agresión y la posesividad de los tipo ocho aún es muy pronunciada, a menudo con el deseo de dominar a la pareja por completo.

Una persona en este subtipo tendrá las mismas cualidades agresivas y excesivas que tienen todos los ochos tipo, pero con una clara diferencia. Tienden a llevarlo demasiado lejos.

Hay un hambre de posesión, que a veces puede ser bueno si se dirige a servir a una causa digna. Pero también puede ser peligroso si se dirige hacia algo perjudicial para ellos y otros. A veces, este subtipo de personalidad puede estar dispuesto a dejarse llevar y rendirse si siente un anhelo lo suficientemente fuerte por parte de un compañero capaz de satisfacer plenamente sus necesidades.

1. **El Pacificador también conocido como el Diplomático**

- Instinto de auto conservación:

El impulso fundamental del personaje aquí se proyectará como un Fuerte Apetito.

Esta variante de personalidad es algo similar a un subtipo de ocho en que están muy centrados en sí mismos y preocupados por satisfacer las necesidades físicas.

La seguridad material y la comodidad diaria para ellos mismos es muy importante. Los que caen en este subtipo tienen un gran apetito por la comida y la posesión de bienes.

Una persona de este subtipo es a menudo un coleccionista. Muy enfocado en satisfacer sus necesidades personales y proporcionar comodidad material. A él o ella le encanta pasar tiempo a solas y puede volverse muy irritable cuando alguien amenaza su sentido del equilibrio, o interrumpe los ritmos diarios que apoyan su vida instintiva. La abundancia material es a menudo más importante que el crecimiento personal o espiritual.

- Instinto social:

El impulso fundamental se proyectará como una Poderosa necesidad de Participar.

Esta variante de personalidad de los nueve es el tipo más amable, desinteresado y cálido. Los que están en este subtipo suelen ser fuertes, confiables, siempre en armonía con los demás y hacen un gran trabajo al mezclarse con la agenda de sus amigos o los diferentes grupos sociales de los que forman parte.

A menudo mostrando excelentes habilidades de liderazgo y una contribución desinteresada, este subtipo se posicionará como el mediador o facilitador, lo cual es algo natural para ellos. Ser parte de un grupo más amplio o benefactor de la comunidad es su motivo instintivo. No les gusta abrumar a otros con sus luchas personales, por lo que generalmente mantendrán una actitud feliz y se centrarán en las necesidades de los demás y sus roles.

Una persona en este subtipo está más interesada en sentir que está participando en algo significativo. Él o ella trabajan duro para hacer felices a sus seres queridos y están muy dispuestos a hacer los sacrificios necesarios para satisfacer las necesidades de las personas bajo su cuidado.

Son afectuosos y amigables, y hacen todo lo posible para ser un pilar confiable y concreto para quienes están bajo su cuidado, incluso si eso significa descuidar su propio dolor y sus luchas.

- Instinto sexual:

El impulso fundamental del personaje aquí se proyectará como Fusión o la Necesidad de Unirse.

Esta variante de personalidad se puede denominar mejor como el buscador. La unión con los demás es su motivo instintivo, y puede ser sexual o espiritual, ya sea con otra persona, con la naturaleza, o la vida misma.

Este profundo anhelo puede ser caótico a veces, o puede ser la puerta de entrada a una experiencia trascendental. Tienden a sentirse más cómodos y seguros cuando se asocian con otros y, por lo general, no pueden soportar estar solos. Como resultado, puede haber una tendencia a aceptar lo que otros demandan y excluir sus preferencias personales.

Una persona en este subtipo suele ser muy cálida y

afectuosa, y posee una profunda necesidad de unión. Su desafío más importante es hacer esto práctico en la vida diaria, y mantener los límites personales así como el enfoque correcto en uno mismo.

Como determinar tu subtipo

Antes de pasar a la siguiente sección, aquí hay algunos consejos sobre cómo reconocer tu subtipo. Para algunas personas, esto puede resultar fácil. En cuestión de minutos, puedes realizar la prueba del Eneagrama y determinar tu centro y tus subtipos. Si ese eres tú, me alegro. Estás listo para lo que sigue. Simplemente aplica todo lo que has aprendido a medida que avanzas en la vida.

Sin embargo, si no eres tan afortunado y aún te sientes perdido, confundido o incluso incapaz de descubrir tu subtipo al instante, lo entendería. No estás solo. Esto es algo que le sucede a mucha gente. Requiere más estudio y exploración a lo largo del tiempo, así que permite que el proceso evolucione de forma natural.

Hasta cierto punto, creo que todos nos identificamos con los tres impulsos instintivos. Entonces, si encuentras que eso sucede, entiende que no tiene nada de malo. Después de todo, todos existen en cada uno de nosotros. ¿Pero cuál es más vital para ti en general? Esa es la claridad que necesitas.

Los subtipos del Eneagrama no están destinados a ser una ciencia exacta. En cambio, tienen la intención de evocar un tema específico y hacerte consciente de las diferentes estaciones en tu vida y los diversos motivos que influyen en tus elecciones. La herramienta de personalidad del Eneagrama es un sistema dinámico orientado al crecimiento y está destinado a ser un inventario personal que tiene como objetivo identificar tus miedos básicos, motivaciones, y fortalezas para que puedas facilitar tu crecimiento personal a través de una trayectoria específica.

Si puedes comenzar identificando con certeza tu tipo primario y el principal centro de inteligencia (una de las tríadas), podrás descubrir cuáles de los miedos subyacentes guían la mayoría de tu comportamiento, así como tu instinto más dominante.

Incluso podrías notar que el tema sigue cambiando a medida que cambian tus condiciones y circunstancias de vida, y eso también está bien. Evita volverte demasiado rígido al respecto al determinar con qué te identificas.

Échale un vistazo al diagrama que comparto a continuación. Eso debería darte una representación visual de tus subtipos. Podrías empezar primero identificando el centro instintivo que más te atraiga. Por ejemplo: si realmente sientes que eres impulsado por el instinto social y la necesidad de pertenecer o luchar por una causa mayor dentro de un grupo, entonces puedes enfocarte en el instinto social y hacer coincidir tu tipo de eneagrama con el subtipo correspondiente.

Instinto de Auto conservación	Instinto Social	Instinto Sexual
La necesidad de preservar nuestro cuerpo y su fuerza vital. Mantenerse alejado de las amenazas. Esto incluye nuestras necesidades humanas básicas de alimentación, vivienda, ropa, calidez y relaciones familiares.	La necesidad de llevarnos con otros y formar lazos sociales seguros. Se trata de crear un sentido de pertenencia	La necesidad universal de procrearse y de mantener a la raza humana de generación en generación. Gobierna nuestra sexualidad, intimidad, y las amistades cercanas que atesoramos, además de nuestro legado.
Tipo 1: El Perfeccionista / Reformador	Tipo 1: El Perfeccionista / Reformador	Tipo 1: El Perfeccionista/ Reformador
*Ansiedad	*No-adaptable	*Celos
Tipo 2: El Dador / Ayudador	Tipo 2: El Dador / Ayudador	Tipo 2: El Dador / Ayudador
*Privilegio	*Ambición	*Seducción o Agresión
Tipo 3: El Triunfador / Ejecutante	Tipo 3: El Triunfador / Ejecutante	Tipo 3: El Triunfador / Ejecutante
*Seguridad	*Prestigio	*Carisma
Tipo 4: El Romántico / Individualista	Tipo 4: El Romántico / Individualista	Tipo 4: El Romántico/ Individualista
*Audacia	*Vergüenza	*Competencia

Tipo 5: El Observador / Investigador	Tipo 5: El Observador / Investigador	Tipo 5: El Observador / Investigador
*Castillo	*Símbolos	*Confidente
Tipo 6: El Leal / Dudoso	Tipo 6: El Leal/ Dudoso	Tipo 6: El Leal/ Dudoso
*Calidez	*Deber	*Guerrero
Tipo 7: El Entusiasta / Soñador	Tipo 7: El Entusiasta / Soñador	Tipo 7: El Entusiasta / Soñador
*Red de personas	*Sacrificio	*Fascinación
Tipo 8: El Retador / Líder	Tipo 8: El Retador / Líder	Tipo 8: El Retador / Líder
*Supervivencia	*Amistad	*Posesividad
Tipo 9: El Pacificador / Diplomático	Tipo 9: El Pacificador / Diplomático	Tipo 9: El Pacifícador / Diplomático
*Buen Apetito	*Participación	*Fusión

Si eso no parece estar dando resultados claros, intenta con otro enfoque. Puedes optar por escribir todos los conjuntos de nueves dentro de los subtipos que más resuenen contigo. De los conjuntos de nueve términos, probablemente te sentirás más atraído por uno que por los otros dos. El que más te atraiga debe ser el título instintivo que mejor describa tus hábitos, preocupaciones y ansiedades a largo plazo.

Mi amiga Joanna tuvo problemas al principio para identificar su subtipo. Ella pensó que tenía la personalidad del Eneagrama cuatro, con el instinto de auto conservación como su subtipo dominante. Su esposo no estuvo de acuerdo. Esto creó algunas dudas en ella, y tomó muchos estudios y una profunda reflexión antes de que finalmente se sintiera cómoda con su tipo y subtipo de Eneagrama elegido. Quizá debas hacer lo mismo al principio. Continúa y deja que los dibujos a continuación te guíen hacia tu verdad.

SECCIÓN IV. USANDO EL ENEAGRAMA PARA ENRIQUECER TU VIDA

8

INTEGRANDO UNA HERRAMIENTA ANTIGUA A UN ESTILO DE VIDA MODERNO.

*H*abiendo leído hasta aquí, no se puede negar que el modelo del Eneagrama es simple y profundamente complejo, al igual que las personas.

Las capas en el sistema del Eneagrama, como se muestra en un capítulo anterior y luego diseccionado en todos los detalles por los que has pasado en las últimas dos secciones, me llevan a concluir que probablemente tomaría una década de estudio profundo para comprender cada uno de los nueve tipos completamente. Afortunadamente para ti, no tiene porqué tomarte una década.

De hecho, todo lo que necesita para comenzar tu autodescubrimiento es realizar una prueba para aprender tu tipo en el sistema de los nueve puntos y descubrir tu subtipo, luego podrás estar en camino a grandes revelaciones sobre tu comportamiento, tus fortalezas y como crecer.

La buena noticia es que cuanto más entiendas por qué haces lo que haces, más fácil será comenzar a entender a los demás, incluso si no necesariamente conoces tu tipo de personalidad y variante de persona. Como mínimo, tendrás una lente nueva con qué interactuar y comprender a aquellos con quienes te encuentras en tu vida diaria. Ese es el poder del Eneagrama de la personalidad.

Transmitido por generaciones desde la antigüedad hasta estos tiempos modernos, este sistema puede convertirse en una herramienta útil para tu crecimiento personal, resolución de conflictos e incluso desarrollo de carácter.

¿Hay áreas en tu vida con las que has estado luchando?

¿Tienes relaciones que te causan acidez estomacal porque pareciera que no puedes hacer que funcionen como crees que deberían estar funcionando? ¿Hay personas en tu lugar de trabajo o en tu hogar que no puedes ver cara a cara pero sabes que debes encontrar la manera de llevarte bien debido a los compromisos asumidos?

¿Es tu cuerpo el que no parece escucharte o responder positivamente ante todo lo que intentas?

Tal vez es la tendencia subyacente de la ira, el miedo o vergüenza con la que has estado luchando en secreto pero que nunca has entendido del todo.

Todos estos problemas pueden mejorarse con el uso de esta herramienta.

9

ACELERADO TU CRECIMIENTO PERSONAL Y DE AUTO-EXPRESIÓN.

*E*l crecimiento personal y la autoexpresión son tan esenciales como respirar para nosotros como seres humanos. Una vez que aseguramos las necesidades básicas que nos ayudan a sentirnos seguros y cómodos, el anhelo de una autoexpresión surge naturalmente. Está destinado a ser parte de nuestra evolución y autorrealización.

La autoexpresión no significa necesariamente producir arte, escribir, ser intérprete o nada de eso. Puede definitivamente incluir eso para ciertas personas, pero esencialmente, se trata de comunicar tu verdad y usar el lenguaje corporal, tu trabajo y acciones, y cómo interactúas y te relacionas con otros en tu mundo. Eso también incluye cómo te vistes, la forma en que conduces tu automóvil, decoras tu hogar, etc.

El principal desafío con el crecimiento personal y la autoexpresión se produce cuando se siente que hay un bloqueo o una falta de inspiración y creatividad para transmitir con éxito algo que deseas retratar a otro de alguna manera.

¿Alguna vez has estado en una situación en la que realmente deseabas expresar algo que ardía en tu corazón, pero por alguna razón, te quedaste corto de expresión completa, lo que resultó en un profundo sentido de frustración, decepción y esa sensación de que fuiste malinterpretado?

Este es un problema común cuando todavía no nos comprendemos a nosotros mismos y los motivos, instintos y comportamientos que influyen en nuestras personalidades. Podemos tener una idea de lo que queremos comunicar, pero nos quedamos cortos en la ejecución o manifestación completa.

Estaba viendo un programa de repostería el otro día, y una de las concursantes que competía para ganar $ 10,000 comenzó a llorar cuando su pastel no se parecía en nada a lo que había imaginado en su mente. Incluso los jueces tuvieron dificultades para calificarla porque solo podían ver su angustia y el hecho de que simplemente no podía manifestar cualquier idea creativa que tuviera al inicio de la competencia.

La razón por la que el Eneagrama de la herramienta de personalidad funciona tan bien para mejorar la vida de las personas es porque les ayuda a comprender mejor sus fortalezas, obsesiones, impulsos instintivos y señales de advertencia a tener en cuenta.

Pero también hace algo de lo que pocos quieren hablar. Esta herramienta también pone en primer plano los miedos subyacentes que a menudo guían nuestros comportamientos.

Don Richard Riso y Russ Hudson revelan los nueve miedos fundamentales que todos deben conocer en "La Sabiduría del Eneagrama".

Tipo Uno: El temor a ser malo o corrupto

Este tipo de personalidad se esfuerza por ser moralmente respetuoso y virtuoso frente a la corrupción externa. Tienden a ser perfeccionistas, siempre sudando incluso detalles minuciosos. Y su miedo subyacente es que sean corruptos. Por lo tanto, el impulso de ser meticulosos y actuar virtuosamente está impulsado por la necesidad de demostrar que ese miedo es incorrecto. Motivados por su propio sentido de integridad, las personas con personalidad de tipo uno se esforzarán continuamente por alejarse de la corrupción y hacia la virtud.

Tipo Dos: El temor a no ser amado o no deseado por otros.

Este tipo de personalidad se esfuerza por ser amado y deseado por quienes lo rodean. Dan, nutren e invierten gran parte de su tiempo, esfuerzo y recursos en cultivar relaciones para superar el miedo inherente de que no son dignos de ser amados. La razón por la que las personas que son del tipo de personalidad dos dan y ayudan es para demostrar que merecen cariño y amor de parte de otros porque ellos lo dan en exceso. Se esforzarán continuamente por alejarse de la inutilidad y avanzar hacia relaciones que fomenten el amor mutuo y el cuidado.

Tipo Tres: El temor de no tener valor y sin logros.

Este tipo de personalidad tiene como objetivo alcanzar el éxito y el estatus quo creyendo que es la medida correcta de su propio valor. El miedo subyacente aquí es un sentimiento inherente de inutilidad. Este tipo siente que no serán deseables de no ser por sus logros, y por lo tanto deben lograr tanto como sea posible para ser deseados y aceptados por otros. Se esforzarán por moverse continuamente conscientes de la inutilidad y hacia logros impresionantes donde puedan ganar gran admiración y respeto.

Tipo Cuatro: El temor de no tener una identidad única, especial y significativa.

Con este tipo de personalidad viene la necesidad de querer demostrar su singularidad e individualidad hacia los demás. El temor subyacente en el tipo de personalidad cuatro es que él o ella no tendrían valor alguno y no serían deseados si fueran "ordinarios" o " gente promedio". Como tal, buscan crear una identidad única para demostrar su importancia ante el mundo.

 Aquellos que tienen una personalidad tipo cuatro se mueven continuamente de la normalidad hacia expresiones de individualidad e intensidad.

Tipo Cinco: El temor de ser indefenso e inadecuado.

Esta personalidad del tipo cinco se esfuerza por ser conocedora y competente en todo lo que hace. Tienen un miedo subyacente a estar indefensos, abrumados e incapaces de lidiar con el mundo que los rodea. Como resultado, intentan aprender tanto como puedan y dominar tanto como puedan para sentirse seguros, competentes y capaces de lidiar con el mundo. Aquellos que están en este tipo de personalidad se esfuerzan continuamente por alejarse de la ignorancia y la ambigüedad hacia el conocimiento y la el entendimiento.

Tipo Seis: El temor de no contar con soporte o guía.

Esta personalidad del tipo seis se esfuerza por encontrar orientación y apoyo de aquellos que los rodean. Su miedo subyacente es que son incapaces de sobrevivir por su cuenta. Como tal, siempre buscan el mayor apoyo y dirección de los demás como sea posible. Aquellos que caen en este tipo de personalidad continuamente se esfuerzan por alejarse del aislamiento y hacia la estructura, la seguridad y la orientación de los demás.

Tipo Siete: El temor de ser lastimado y de no tener nada.

Esta personalidad del tipo siete se esfuerza por lograr sus deseos más salvajes y encontrar satisfacción. Su preocupación subyacente es que otros no satisfarán sus necesidades y deseos. En cambio, sienten que deben ir y perseguir lo que quieren por su cuenta. Aquellos en este tipo de personalidad se esfuerzan por alejarse del dolor, la tristeza y la impotencia, y moverse hacia la independencia, la felicidad y la satisfacción.

Tipo Ocho: El temor de ser lastimado o controlado por otros.

Este tipo de personalidad se esfuerza por ser independiente, poderoso, influyente y auto dirigido. Su preocupación subyacente es ser traicionado, controlado o violado por otros. Este tipo de personalidad no tolera ser controlada o estar a merced de otros. Se sienten seguros y tranquilos solo cuando controlan sus circunstancias. Quienes caen en este tipo de personalidad se alejan continuamente de las limitaciones externas hacia la autosuficiencia y el poder.

Tipo Nueve: El temor de la pérdida o de separarte de otros.

Este tipo de personalidad se esfuerza por mantener la armonía y la paz tanto interna como externamente. Su miedo subyacente es que se desconectarán y se separarán de los demás. Temen que no estén sincronizados con el mundo que los rodea. Como tal, harán todo lo posible para vivir en armonía con otras personas y el mundo que les rodea porque esto produce ese sentido de seguridad y conexión. Los que están en este tipo de personalidad generalmente se esfuerzan por alejarse del conflicto y el dolor hacia la estabilidad, la paz y la armonía.

Al comprender tu tipo de eneagrama primario, tus miedos principales y tu subtipo, tus dones naturales se aprecian completamente, y las limitaciones no se sienten tan misteriosas.

Se vuelve más fácil encontrar satisfacción en tu trabajo y relaciones. Te prepara mejor para lidiar con situaciones, entornos hostiles y tus conductas impulsivas. Por ejemplo, si tienes un profundo anhelo de sentirte necesitado por otros, es posible que tengas problemas para saber cuándo decir "No" a algo porque las personas que te complacen serían un punto ciego para ti. Entonces, si se te pide en el trabajo que hagas turnos dobles, puedes decir "sí" incluso si te duele. En tal situación, aprender a decir "No" sería la respuesta más satisfactoria y saludable, y sin embargo, solo tendrías esta conciencia sobre ti mismo si realmente entendieras más sobre tu tipo de personalidad.

Algunas personas pueden detectar sus principales y subtipos de personalidad rápidamente, mientras que para otras requiere tiempo, estudio y auto reflexión constante. No sé cuánto tiempo te llevará, pero te animo a comenzar porque cuanto antes lo hagas, más rápido podrás llevar una vida más sana, equilibrada y satisfactoria. Antes de pasar al impacto y al beneficio de usar esta herramienta y los conocimientos adquiridos para mejorar tus relaciones, te invito a tomar la prueba del Eneagrama y descubrir tu tipo primario, así como tus alas, centro y subtipo.

10

LA PRUEBA DEL ENEAGRAMA

*H*agamos una breve recapitulación de los principales tipos de personalidad antes de adentrarnos en nuestro examen en línea interactivo:

Tipo Uno: Reformador

Si este es tu tipo principal de personalidad, tu enfoque es hacer que el mundo sea "correcto" según tus percepciones. Te mueves ante un propósito, estableces altos estándares para ti, y tienes auto control.

Tipo Dos: Ayudador

Si este es tu tipo principal de personalidad, entonces lo que te impulsa es la necesidad de dar y de cuidar de otros. Eres generoso, empático, humilde, y te gusta nutrir. Hay un fuerte deseo de sentirte querido y aceptado, y a veces el dar se hace como un medio de asegurar esa necesidad de ser amado.

Tipo Tres: Triunfador

Si este es tu tipo principal de personalidad, entonces estás más enfocado en ser el mejor. Deseas ser percibido como exitoso por otros. Por lo general, eres muy asertivo, ganar lo es todo y tu imagen personal es muy importante.

Tipo Cuatro: Romántico

Si este es tu tipo principal de personalidad, entonces eres más artístico en todo lo que haces y tienes un ojo impecable para la belleza. Estás más en sintonía con tus emociones y las de los demás y, a veces, puedes ser bastante dramático. Eres un romántico de corazón, y tu mundo de fantasía interior es un santuario para ser atesorado.

Tipo Cinco: Observador

Si este es su tipo principal de personalidad, entonces tu enfoque es hacia el conocimiento y obtener más sabiduría. Eres altamente intelectual con un profundo deseo de nuevas ideas y una mayor comprensión. Puedes articular nuevos paradigmas de una manera visionaria y, aunque prefieras la soledad, cuando se te invita a hablar sobre un tema que te apasiona, puedes ser muy acogedor y comprometido.

Tipo Seis: Lealista

Si este es tu tipo de personalidad central, entonces estás lleno de valentía. Eres confiable y autosuficiente. A menudo luchas con tus propias dudas, y dudas también de los demás, lo que puede crear una montaña rusa de emociones para ti, pero cuando no eres dudoso, estás muy comprometido y decisivo.

Tipo Siete: Entusiasta

Si este es tu tipo principal de personalidad, entonces lo tuyo es diversión y espontaneidad. Eres divertido, juguetón y agradable para con los demás. Tienes una perspectiva muy positiva y saboreas la riqueza del mundo. Sin embargo, tiendes a distraerte fácilmente, y siempre pareces estar avanzando hacia la próxima aventura emocionante, pero cuando no estás disperso o distraído, tienes el potencial de enormes logros.

Tipo Ocho: Retador

Si este es tu tipo principal de personalidad, ¡entonces

eres intenso! Te gusta ser directo con los demás. La productividad, la alta energía y la excelencia en tu trabajo son importantes para ti. Eres auto-determinado, generoso y tienes un gran corazón. Otros generalmente te perciben como alguien muy poderoso, lo que a veces puede hacerte parecer un poco controlador e intimidante, especialmente cuando estás tratando de obtener control e influencia sobre los demás.

Tipo Nueve: Pacificador

La paz y la armonía es tu impulso principal si caes en una personalidad de tipo nueve. Eres auténtico, sin pretensiones y paciente, te llevas bien con todos, te encanta servir a los demás y anteponer sus necesidades. En tu mejor momento, puedes reconocer, alentar y ayudar a sacar lo mejor de los demás.

Realice la prueba ahora y una vez que hayas obtenido tus resultados, regresa a la sección II para leer una descripción más detallada de tu tipo, y luego pasa a la sección III para descubrir qué tipo de pastel con capas tienes.

Para acceder a la prueba, simplemente copia y pega el siguiente enlace en tu navegador:

https://bit.ly/2xEWljI

¿Recuerdas que mencionamos que los subtipos son como capas de un pastel que todos tenemos?

Eso implica que ya posees los tres instintos básicos, pero uno será más dominante. Al descubrir cómo se colocan las capas de tu pastel, comenzarás a estar más consciente en tus elecciones de la vida diaria, y algunos de tus impulsos, reacciones y experiencias tendrán más sentido.

Tu tipo de personalidad combinado con tus alas y centro, así como tus instintos básicos ya en capas ahora te brinda una comprensión detallada de lo que te motiva. Y qué liberador se convierte a medida que avanzas para mejorar tus relaciones con los demás.

11

CULTIVANDO RELACIONES SANAS Y AMOROSAS

*C*ultivar relaciones saludables y que nutren es esencial para todos nosotros. Pero sabemos lo difícil que puede ser, especialmente en nuestra sociedad moderna con exigencias interminables. Es por eso que es aún más crítico que nunca elegir tus relaciones sabiamente.

Las personas con quienes te asocias e inviertes tu energía, tanto personal como profesionalmente, tienen un impacto directo en tu bienestar y éxito. Por lo tanto, te animo a que mejores a la hora de rodearte con las personas adecuadas. ¿Pero quién sería la persona adecuada?

Un punto crítico para recordar aquí, especialmente cuando se introducen combinaciones del tipo del eneagrama, es que ningún emparejamiento es particularmente bendecido o condenado a funcionar. El error que muchas personas cometen una vez que se enteran de estas combinaciones de eneagramas es que evitan o subestiman todos los otros tipos. Centrarse en una combinación específica no garantiza que estarás feliz, nutrido y enamorado.

Lo que quieres establecer es un objetivo diferente. Quieres asegurarte de que tanto tu como la persona en asunto exhiban las versiones saludables de sus tipos. Mientras que ustedes dos (independientemente de su tipo) sean saludables, el experimentar juntos será increíble.

Desafortunadamente, esto no siempre es así. Ahí es donde entra en juego el autodescubrimiento y la educación entra en juego. Cuanto mejor informado estés sobre el tipo de personalidad de la otra persona, su nivel de salud y sus tendencias, mayor será tu comprensión de la relación. Esta es una gran herramienta para ayudarte a profundizar tus relaciones, ya que te hará más consciente de tu comportamiento tanto positivo como negativo. Una vez que detectes y resaltes tus miedos, motivaciones y tendencias naturales subyacentes, así como tus dones, tendrás la opción de elegir cómo responder a las relaciones en tu vida.

Independientemente de tus necesidades actuales de relaciónarte, ya sea construyendo relaciones profesionales saludables con los clientes, o cultivando una relación apasionada e íntima con tu pareja, la herramienta del eneagrama puede ayudarte a alcanzar tus objetivos. Te ayudará a amar más en el presente y sentir que estés más arraigado en tu verdadera naturaleza. Finalmente estarás en condiciones de reconocer cuándo estés actuando por miedo, y cuándo estés actuando por tu propia verdad. También te permitirá discernir los deseos de tu verdadero yo y los que son superficiales.

Una vez que tenga este nivel de claridad y conciencia de ti mismo, se vuelve fácil amar y vivir en armonía con los demás. En lugar de reaccionar cuando las cosas no van como quieres en una relación, te sentirás capacitado para responder en lugar de reaccionar, haciendo posible amar, apoyar, alentar y sacar lo mejor de los demás. Más importante aún, también te convertirás en un mejor comunicador. Y todos sabemos lo importante que es la comunicación en una relación sana.

Una de mis mejores amigas recientemente experimentó el poder de usar esta herramienta del Eneagrama para ayudarla en su autodescubrimiento, y a su prometido también.

No hay duda en su mente de cuánto Tom la ama. Es el hombre más generoso, cálido, agradecido, atento, juguetón y cariñoso que haya conocido. Son la pareja perfecta porque él parece complementar su personalidad realmente bien. Ella dice: "Me siento tan amada y especial cuando estoy con él. No hay nadie más con quien me quiera casar. Pero él puede ser bastante controlador, necesitado y deshonesto a veces, y realmente estaba creando fricción entre nosotros".

Eso fue antes de que sugiriera que ambos estudiaran el Eneagrama de la personalidad. Ella ya había tomado el examen, por lo que no era una idea demasiado descabellada, pero tomó un poco de convencimiento antes de que Tom aceptara. En menos de un mes, ella me dijo que su relación se había transformado por completo. Ella ha encontrado nuevas formas de demostrar su amor y siente más compasión cada vez que aparecen algunas de sus debilidades.

Han aumentado su nivel de intimidad y comunicación. Por encima de todo, sus comportamientos ya no se sienten tanto como un enemigo misterioso que intenta sabotear su amor mutuo. Solo puedo suponer que con el tiempo, sus autodescubrimientos enriquecerán aún más su futuro matrimonio.

Aunque elegiré centrarme más en las relaciones personales y más íntimas, el mismo concepto se puede aplicar a cualquier relación con la que desees trabajar.

Trayendo de vuelta la magia del amor apasionado:

No hay nada más emocionante que encontrar a alguien que "te atrape". Tener a alguien que te entienda incluso sin pronunciar una palabra es completamente mágico, y creo que esa es una conexión que todos anhelamos. Cuando descubras tu tipo de Eneagrama y lo uses para mejorar y mejorar quién eres realmente, cambiará la forma en que abordas las relaciones para siempre.

Esta no es una lectura del horóscopo, sino que se usa para descubrir el mejor tipo de personas que complementarán y mejorarán tu vida en general. No digo que sea una ciencia exacta, pero te sorprenderá cuánta armonía experimentarán tus relaciones cuando aprendas acerca de los tipos de personalidad de tus seres queridos. Las tendencias que regular-

mente te impiden experimentar relaciones saludables contigo mismo y con los demás ya no serán un
misterio. Después de todo, cuanto más feliz seas,
más fácil será cultivar relaciones saludables.

Tipos de combinación sugeridos por el Instituto del
Eneagrama.

Aquí hay algunas ideas sobre las relaciones para cada
tipo que podrían ser un excelente punto de partida si
estás buscando manifestar nuevas relaciones
amorosas.

Tipo 1: El Perfeccionista o El Reformador

Mejores tipos de combinación: 1 2 3 4 5 6 7 8 9

_____

Tipo 2: El Ayudador o El Dador

Mejores tipos de combinación: 1 2 3 4 5 6 7 8 9

_____

Tipo 3: El Triunfador o El Ejecutante

Mejores tipos de combinación: 1 2 3 4 5 6 7 8 9

_____

Tipo 4: El Romántico o El Individualista

Mejores tipos de combinación: 1 2 3 4 5 6 7 8 9

_____

Tipo 5: El Observador o El Investigador

Mejores tipos de combinación: 1 2 3 4 5 6 7 8 9

_____

Tipo 6: El Leal o El que Duda

Mejores tipos de combinación: 1 2 3 4 5 6 7 8 9

_____

Tipo 7: El Entusiasta o El Soñador

Mejores tipos de combinación: 1 2 3 4 5 6 7 8 9

_____

Tipo 8: El Retador o El Líder

Mejores tipos de combinación: 1 2 3 4 5 6 7 8 9

_____

Tipo 9: El Pacificador o El Diplomático

Mejores tipos de combinación: 1 2 3 4 5 6 7 8 9

_____

Cuando se trata de encontrar el amor y de cultivar relaciones:

Tipo Uno: El Reformador

Habiendo descubierto que este es tu tipo y que estás motivado por el deseo de vivir de la manera correcta, evitando fallas y culpas, esta es nuestra sugerencia de relaciones.

Abraza la alegría y la espontaneidad en tu relación proponiendo una cita espontánea. Sí, sé que no es fácil, pero con un poco de relajación y la perspectiva correcta, puede ser muy beneficioso para ti. Sé que es difícil de escuchar, pero el mundo no se derrumbará si te relajas de vez en cuando. Libera la necesidad de controlar cada resultado todo el tiempo. También es maravilloso compartir abiertamente con tus seres queridos tus valores y motivaciones fundamentales. Hágales saber cuánto te importa mejorar el mundo e invítalos a esa visión. Aquellos que "te atrapen" serán más que alentadores y apoyarán tus tendencias.

Tipo Dos: El Ayudador

Después de descubrir que eres cálido, empático y motivado por la necesidad de ser necesitado y amado, esta es nuestra sugerencia de relación.

Combate el impulso de saltar siempre y solucionar los problemas de otras personas, incluso si eres bueno en eso. Aprenda a estar allí para tu pareja sin estar demasiado absorto en su mundo, y con frecuencia sal de la caja para ponerte en contacto con tus sentimientos. Pregúntate: "¿Cómo estoy?"

Tipo Tres: El Triunfador

Después de descubrir que estás motivado por el éxito, ganar a lo grande, y que está preparado para un alto rendimiento y productividad, esta es nuestra sugerencia de relación.

Tienes mucho que ofrecer, no solo el éxito material y el estatus social. Conéctate con ese "más" que tienes. La apreciación y el valor de alguien por ti no siempre están vinculados a tus logros. Aprende a hacer conexiones auténticas y no evites sumergirte más allá del prestigio y el éxito material que tienes. .

Tipo Cuatro: El Romántico

Después de descubrir que eres un romántico natural con un ojo para la belleza y más creativo y expresivo que la mayoría, aquí tienes nuestra sugerencia de relación.

Aprende a tomar el control de tus emociones o ellas

te controlarán a ti, y crearán problemas constantes dentro de tus relaciones. Puedes ser más consciente de tus emociones sin que te consuman. Como sabes, hay una tendencia a ser una reina o un rey del drama y eres particularmente sensible cuando te sientes incomprendido. Comunícalo a tu ser querido y ayúdalo a conocer este lado tuyo para que ellos también puedan responder de una manera apropiada cuando suceda. Usa tus poderes de percepción para ponerte en la piel de la persona que amas para que puedas ver las cosas desde su perspectiva, así siempre sabrás lo que debes hacer ante cualquier situación.

Tipo Cinco: El Observador

Después de descubrir que eres del tipo privado y analítico motivado por el hambre de obtener más conocimiento, aquí tienes una sugerencia de relación.

A pesar de que te gusta por tu cuenta y disfrutar de la soledad, también conoces esas conexiones profundas y significativas donde hay una excelente química que te hace feliz. Abraza esto. No tenga miedo de ser "atraído" cerca por otro donde la química se alinea. Tus sentimientos no son tan preciados como para que alguien más los maneje, y tienes lo que se necesita para ser bueno en esto. Aprenda a reconectarte más con tu corazón para saber cuándo es el momento adecuado para hacer el cambio de la cabeza al corazón.

Tipo Seis: El Lealista

Después de descubrir que eres del tipo práctico, comprometido pero siempre ansioso, esta es nuestra sugerencia de relación para ti.

No todos tienen una "agenda oculta". Sé que es difícil de escuchar y te cuesta trabajo ser optimista, pero no te hará daño darle crédito a las personas de vez en cuando. Tu capacidad de ser un gran y leal amigo, siempre digno de confianza, es un poder que no debe subestimarse, especialmente en nuestro mundo moderno. Aprende a usar este poder para construir un vínculo fuerte y confiable con otra persona importante.

Tipo Siete: El Entusiasta

Con el nuevo descubrimiento de tu tipo como alguien divertido, espontáneo y motivado por la búsqueda de experiencias placenteras que te estimulan, esta es nuestra sugerencia de relación.

Tu actitud positiva y amante de la diversión es

contagiosa, y siempre atraerá a grandes personas hacia ti, pero debes aprender a rechazar ese impulso de seguir huyendo de las cosas demasiado rápido. Encuentre el valor para enfrentar lo que podría estar conduciéndote a actividades inquietas y poco profundas. Estar comprometido con la persona adecuada no es tan malo, ¿sabes? Tienes tanta grandeza y sabiduría que ofrecer, así que comienza a trabajar para estar más centrado en el cuerpo y la mente.

Tipo Ocho: El Retador

No hay duda al respecto, eres feroz e intenso. Eres poderoso, lleno de energía, fuerte y motivado por la necesidad de controlar y proteger a los desvalidos. Aquí hay un consejo de relación que puede ayudarte a cultivar conexiones increíbles.

La vulnerabilidad, especialmente con la persona que amas, no es algo malo y no te debilita ante sus ojos. Acepta expresar cualquier emoción que surja por ti. Las personas que te aman pueden manejar tu verdadero "yo". El verdadero poder que posees es la capacidad de demostrar fuerza y ternura cuando la situación lo requiera. No te detengas ni luches contra esos raros momentos, ya que se convertirán en tus momentos más mágicos con la persona que amas.

Tipo Nueve: El Pacificador

Después de descubrir que eres del tipo relajado y armonioso que siempre se lleva bien con todos, aquí hay un consejo de relación para ti.

Sí, eres un pacificador, pero no siempre tienes que "conformarte" con algo si no es lo que realmente quieres. Y siendo el maravilloso mediador que eres, puede ser más fácil expresar tus necesidades y deseos a otros, incluso si difieren. Tienes permiso para expresar una opinión contrastante a la de tu pareja, incluso si te hace sentir incómodo y nervioso. El que realmente te ama apreciará aún más conocer tu estado de ánimo y perspectiva de las cosas. ¡Así que adelante, di tu verdad!

12

HACER UN MAPEO DE TU CAMINO HACIA EL GOZO Y LA AUTORREALIZACIÓN

*C*omo dijimos al comienzo de nuestro viaje hacia el autodescubrimiento y comprensión del Eneagrama, este sistema se basa en una práctica antigua que se ha desarrollado a lo largo de los años para ayudarnos a aplicarlo mejor.

El Eneagrama moderno tal como lo conocemos se divide en un sistema de nueve puntos y se subdivide en tres tríadas o centros. Las tríadas representan la cabeza, el corazón y el intestino, alternativamente denominado como el centro de pensamiento, centro de sentimientos y centro instintivo, que forman los componentes esenciales del psique humano.

Si bien hay tantos sistemas de tipificación de personalidad disponibles en la actualidad, la herramienta del Eneagrama de la personalidad destaca entre la multitud y mantiene su mérito global por esta razón en particular.

Te fortalece aún más al ofrecerte dos caminos dentro de tu tipo de personalidad principal o dominante. No solo profundiza aun más en las variantes que experimentarás incluso dentro de tu tipo dominante, sino que también añade un aspecto único a las cosas.

Es decir:

Se te da la dirección hacia la integración, que explica cómo es probable que tu tipo se comporte cuando se encuentra en una senda de salud y crecimiento. Y también se te da la dirección hacia la desintegración, que describe cómo es probable que tu tipo actúe bajo presión y estrés.

Esto significa que su autodescubrimiento es mucho más profundo que los sistemas de tipificación de personalidad habituales porque le da el poder de introspectar y tomar nuevas decisiones conscientes en cualquier área de su vida, incluidas las relaciones. Es una herramienta vital para cualquier persona interesada en llevar su crecimiento personal y su autoconciencia al siguiente nivel.

El Eneagrama de la personalidad es una herramienta diseñada para ayudarte a observar tu personalidad (ego) y cómo funciona más de cerca. Ser consciente de quién realmente eres, los instintos básicos que impulsan tu comportamiento y la calidad del carácter que puedes construir para crear un camino progresivo saludable en la vida, o uno desintegrador, es el comienzo de tu autodescubrimiento.

A un nivel fundamental, dependiendo de tu tipo de personalidad central, hay ciertas pasiones que mantener vigiladas, y trabajar hacia la transformación. Cuanto más reflexiones sobre tus comportamientos y motivaciones, más fácil será convertirlos en virtudes saludables porque, como recordarás al comienzo del libro, afirmamos que cada uno de nosotros, en esencia, es puro y bueno.

Aquí hay un breve resumen de las pasiones o comportamientos que pueden gobernar inconscientemente tu vida, además de cómo transformarlos en virtudes saludables.

La personalidad de Tipo Uno debe trabajar para transformar su Ira / Resentimiento / Enojo en Serenidad.

La personalidad de Tipo Dos debe trabajar para transformar su Orgullo en Humildad.

La personalidad de Tipo Tres debe funcionar para transformar su Vanidad en Integridad.

La personalidad de Tipo Cuatro debe trabajar para transformar su Envidia en Aceptación y Ecuanimidad.

La personalidad de Tipo Cinco debe trabajar para transformar su Codicia en Generosidad.

La personalidad de Tipo Seis debe trabajar para transformar su Ansiedad y Miedo en Valentía.

La personalidad de Tipo Siete debe trabajar para transformar su Glotonería en Sobriedad.

La personalidad de Tipo Ocho debe trabajar para transformar su Lujuria / Intensidad en Inocencia / Rendición.

La personalidad de Tipo Nueve debe trabajar para transformar su Pereza / Indiferencia en Compromiso / Acción.

Es por eso que el libro está diseñado para ayudarte a comprender qué es el Eneagrama y cómo funciona antes de invitarte a descubrir tu tipo. La mejor manera de averiguar tu tipo es mediante la prueba en línea a la que hemos proporcionado el enlace en un capítulo anterior. Al responder honestamente a todas las preguntas, tu puntaje más alto indicará qué tipo de personalidad eres. Ten en cuenta que podrías tener múltiples puntajes altos porque, como dijimos, el Eneagrama es un sistema complejo e interconectado, al igual que un ser humano es complejo y, por lo tanto, no puede restringirse rígidamente a un solo tipo estricto.

Alternativamente, puede volver a los capítulos anteriores y leer todas las descripciones detalladas de todos los tipos de personalidad e intentar decidir cuál es el tuyo. Si sientes que te conoces lo suficiente como para identificar tu tipo al instante, puedes continuar con el estudio y la comprensión del tipo elegido, y toda la información adicional que compartí en este libro.

Cómo el Eneagrama te puede ayudar a crecer y a manifestar una vida con gozo y autorrealizada.

El Eneagrama es como un mapa que fortalece tu capacidad de auto observación, y te muestra cómo llegar a niveles más altos de conciencia. Cuanto más desarrolles una visión clara de la versión más saludable y mejor que puedas ser, más alegre y próspera será tu vida. Puede ser tan simple o tan complejo como lo desees. Se recomienda comenzar con lo básico. Este libro cubre todos los conceptos básicos, así como una comprensión profunda de las complejidades del sistema. Sin embargo, eso no significa que nuestros estudios terminen ahí. Todavía puedes empaparte aún más en tu tipo de personalidad central definido, tus alas y subtipo al aventurarte en lo que se conoce como niveles de desarrollo.

En 1977, Don Riso descubrió y comenzó a desarrollar lo que hoy se le conoce como los nueve niveles de desarrollo, que son las estructuras internas que conforman el tipo de personalidad en sí. En otras palabras, lo que Don Riso enseña es que tienes una estructura interna que constituye la personalidad central que tienes. Dentro de estas estructuras internas hay capas y, dependiendo de tu nivel, se manifestará una cierta demostración de comportamiento de tu tipo de personalidad. El rango es muy amplio, desde saludable, promedio, y hasta niveles insalubres más bajos.

Este descubrimiento fue mejorado aún más por Don Riso y Russ Hudson en la década de los noventa. Son los únicos maestros del Eneagrama que incluyen esta estructura interna en sus enseñanzas del Eneagrama. El libro recomendado en el capítulo nueve, *"Widsom of The Enneagram"* (La Sabiduría del Eneagrama), también puede ayudarte a comprender mejor lo que estos maestros entienden por niveles de desarrollo, más cómo elevarte más en tu desarrollo.

Desarrollaron estos nueve niveles de desarrollo para ofrecer una estructura "esquelética" de cada tipo, que puede ser muy útil para terapeutas, consejeros y otras profesiones médicas que trabajan con un paciente.

También puede ser muy útil para ti cuando intentas comprender a otra persona. Al aprender más sobre los nueve niveles de desarrollo dentro de su tipo de personalidad, y en dónde se encuentran en un momento dado, puedes comprender si la persona está funcionando dentro del rango saludable, promedio o insalubre y apoyarlos en consecuencia.

Hay otros libros disponibles en línea de Don Riso, pero te animo específicamente a que revises la Sabiduría del Eneagrama si te sientes listo para sumergirte a mayor detalle dentro de tu personalidad central.

Esto no es un requisito. Puedes mejorar rápidamente tu trabajo, las relaciones, la salud y el estilo de vida en general con la información que se comparte solo en este libro. Así que, si no buscas ser un experto en esto, no te preocupes. Ya tienes todos los conocimientos necesarios para mejorar tu capacidad de auto-reflexión y mayor conciencia. El resto se desarrollará por sí sola a medida que continúes trabajando para comprenderte a ti mismo y mejorar las áreas de debilidad que llegan a tu conciencia.

Ahora que has dado los primeros pasos hacia adelante, no hay marcha hacia atrás. Tu trabajo, tus relaciones y cómo te percibes a ti mismo nunca podrán volver a ser las mismas. Si has realizado el trabajo interno, tendrás una mejor oportunidad de controlarte en cualquier entorno o situación en la que te involucres. También tendrás más confianza en la planificación de tus metas futuras. Tener este equilibrio interno y externo es lo que necesitas para prosperar como tu verdadero ser en nuestro mundo moderno. ¡Ahora que tienes una mejor comprensión y haces que la herramienta funcione y cultive la calidad de vida que siempre has deseado!